Wilhelm Schäffer

Ein spiritueller Adventskalender

Wilhelm Schäffer

Ein spiritueller Adventskalender

24 Schritte nach Bethlehem

Fromm Verlag

Imprint

Any brand names and product names mentioned in this book are subject to trademark, brand or patent protection and are trademarks or registered trademarks of their respective holders. The use of brand names, product names, common names, trade names, product descriptions etc. even without a particular marking in this work is in no way to be construed to mean that such names may be regarded as unrestricted in respect of trademark and brand protection legislation and could thus be used by anyone.

Cover image: www.ingimage.com

Publisher:
Fromm Verlag
is a trademark of
International Book Market Service Ltd., member of OmniScriptum Publishing Group
17 Meldrum Street, Beau Bassin 71504, Mauritius

Printed at: see last page
ISBN: 978-613-8-36140-4

Inhaltsverzeichnis

3. Woche: Zu Gott finden

4. Woche: Zur Krippe finden

Bibelzitate sind der neuen Einheits-Übersetzung von 2017 entnommen.

Zur Einführung

Ein „spiritueller Adventskalender"

Im Jahr 2019 beginnt der Advent mit dem 1. Adventssonntag pünktlich am 1. Dezember und umfasst somit genau 24 Tage. So legte es sich nahe, dieses Begleitbuch zum Advent ähnlich einem Adventskalender zu gestalten. Das heißt: zu allen Tagen vom 1. bis 24. Dezember gibt es eine Besinnung, außerdem zu den beiden Weihnachtsfeiertagen. So ergeben sich „24 Schritte nach Betlehem".

Jede der vier Wochen steht unter einem eigenen Leit-Thema. Die einzelnen Tagesbesinnungen bilden allerdings eher eine Art Mosaik zu diesem Thema und können ggf. auch in anderer Reihenfolge meditiert werden. Das eröffnet die Möglichkeit, in Jahren, in denen die Adventszeit kürzer oder länger ist, die Besinnungen in geeigneter Form umzuordnen.
Als „Innehalten auf dem Weg" findet sich am jeweils letzten Tag ein Rückblick auf die Woche.

Dadurch, dass die Besinnungen bestimmten Tagen zugeordnet sind, lassen sich immer wieder Bezüge zur Tagesliturgie herstellen. Im Inhaltsverzeichnis sind diejenigen Besinnungen, die einen solchen Bezug enthalten, mit „L" hinter der Seitenzählung gekennzeichnet. Ist diese Markierung **fett** geschrieben, besteht eine engere Verknüpfung. Die anderen Querverbindungen zur Liturgie (oft nur ein Absatz im Text) könnten ggf. auch zusammen mit einer anderen Tagesbesinnung am dann jeweils passenden Tag gelesen werden.

Ein Weg des Suchens und Findens

Das Bild eines Weges sowie das Motiv des Suchens und Findens bestimmen diesen „spirituellen Adventskalender". Jede Tagesbesinnung gleicht einem „Türchen", das beim Öffnen eine Überraschung bereithält.

1. Woche: Zur Ruhe finden

Zuerst denken wir darüber nach, was uns helfen kann, mehr zu der im Advent von vielen ersehnten und doch so selten gefundenen Ruhe und Stille zu gelangen. Immer wieder spielt dabei die Meditation eine zentrale Rolle. Sie ist nicht nur Übung des Schweigens, sondern zugleich Weg zu einem gesammelteren, bewussteren, „geistes-gegenwärtigen" Lebensstil.

2. Woche: Zu sich selber finden
Dann geht es um Selbsterkenntnis und Selbstfindung. Echte „Selbstverwirklichung“ erfordert Umkehr: Abkehr vom „Oberflächen-Ich“, Suchen nach dem tieferen Wesen. Gottes Ruf hilft, vom „Ego“ loszukommen und die eigene Bestimmung zu finden. Das „Selbst“ ist mein innerstes Geheimnis und Quelle meiner Freiheit. Ich entfalte meine Stärken, lerne mich selbst anzunehmen, werde frei von einengenden Prägungen, und entdecke meine Lebensquellen.

3. Woche: Zu Gott finden
Nun begeben wir uns auf die Suche nach Gott. Der Weg eines lebendigen Glaubens ist stets ein Suchen, Finden und erneut Suchen. Nicht leicht ist Gott zu finden – vielleicht, weil er uns allzu nahe ist? Unser Dasein selbst ist seine Spur. Weitere Spuren finden wir in der Natur, in der Stille, in der eigenen Herzenstiefe, in der Liebe, in allem, was uns „aus Gnade“ geschenkt wird. Es macht einen Unterschied, ob man an Gott glaubt: Es kommt „Farbe ins Leben“.

4. Woche: Zur Krippe finden
Schließlich blicken wir auf das näher rückende Weihnachtsfest. Wir spüren unseren Erwartungen, unserer Sehnsucht nach Heil nach. Wir schauen auf Jesus und fragen danach, welche Botschaften seine Geburt und die Menschwerdung Gottes in ihm enthalten, und was sie für unser eigenes Leben bedeuten.

Möge so dieser „spirituelle Adventskalender“ helfen, die Zeit des Advents – trotz des vorweihnachtlichen „Rummels“ – gesammelter und in geistlicher Haltung zu durchschreiten, und Weihnachten bewusster zu feiern.

PRAKTISCHE HINWEISE

Zur täglichen Meditation

Man kann diesen „spirituellen Adventskalender“ mehr oder weniger intensiv nutzen. Die täglichen Besinnungsanregungen lassen sich in wenigen Minuten lesen. In die Tiefe dringen sie allerdings erst, wenn man sich Zeit nimmt:
... um in der Stille anzukommen;
... die Anregungen in sich einsickern und arbeiten zu lassen;
... die *für mich heute* wichtigen Impulse zu erspüren;
... ggf. mit Gott darüber ins Gespräch zu kommen.
Hierzu leitet die folgende „Gebrauchsanweisung“ an.

Aufbau

Die täglichen Besinnungen sind nach einem stets gleich bleibenden Muster aufgebaut:

- Angabe des Tagesthemas in der Überschrift.
- Einstimmende Übung und Stille zur Sammlung.
- Impulse zum Tagesthema.
- Zeit zum Verweilen und Nachdenken.
- Anregungen zum Gebet.
- Impuls für den Tag.

Einstimmung

Zu Beginn meiner Betrachtung entspanne ich mich. Ich nehme wahr, wie ich sitze – im Kontakt mit der Erde, aufgerichtet zum Himmel.
Ich versuche, ganz im Hier und Jetzt da zu sein, und Abstand zu allem anderen zu gewinnen.
Ich sammle mich auf Gott hin, und verweile vor ihm.
Ich bitte um Offenheit für das, was er mir heute zeigen will.

- Die „einstimmende Übung zur Sammlung“ (siehe S. 8-10, Kurzfassung S. 68) bietet hierzu eine Anleitung. Sie kann täglich in gleicher Form durchgeführt werden.

Für diese Einstimmung lasse ich mir genügend Zeit, bis ich wirklich ganz gegenwärtig und aufnahmefähig geworden bin. Bevor ich den Besinnungstext lese, verweile ich noch ein wenig in der Stille.

Impulse zur Besinnung

Nun beginne ich, langsam die „Impulse zur Besinnung“ zu betrachten. Sie geben Gedankenanstöße zum jeweiligen Tagesthema, und enthalten immer auch ein passendes Schriftwort. Über die Ideen hinaus wollen sie ein Stück *Erfahrung* vermitteln. Deshalb sind sie zuweilen „selbst-reflektierend“ in „ich“-Form abgefasst: Es geht darum, dass ich selbst mich verändere und im Glauben wachse.

Die Besinnungen führen auf einen Weg zu innerem Wandel, zu einem neuen Verhältnis zu sich selbst und zu den Mitmenschen, zu mehr Hingabe an Gott und zu vertrauensvollerem Leben aus seiner Liebe. Es ist entscheidend wichtig, diese Impulse wirklich an sich heranzulassen! Oft fragen sie nach der eigenen Erfahrung, nach Einstellungen, Empfindungen und Verhaltensweisen, und leiten von da ausgehend zu neuen Schritten an. Manches kann herausfordern oder starke Gefühle wecken. Nur wenn ich dabei ganz ehrlich mit mir bin, meine *wirkliche* Erfahrung, mein wahres Empfinden und Handeln ins Auge fasse (nicht, wie ich sein sollte oder lieber sein möchte!), kann echtes menschliches und geistliches Wachstum in Gang kommen. Vermag ich etwas (noch) nicht nachzuvollziehen, betrachte ich es trotzdem als mögliche Erweiterung meines Erfahrungshorizontes.

Es kann sinnvoll sein, zuerst die ganze Besinnung zu lesen, um den Zusammenhang zu erfassen. Dann betrachte ich den Text noch einmal, langsam und aufmerksam, Abschnitt für Abschnitt. Wenn mich etwas besonders anspricht oder persönlich betrifft, halte ich inne und verweile länger dabei. Gewöhnlich ist es so, dass gerade darin Gott zu mir sprechen will – hier und jetzt.

Wichtiger als alle Einzelheiten zu erfassen ist, dass ich dabei „mein Wort“ entdecke – das, was *mich* angeht: vielleicht nur *einen* Gedanken oder praktischen Impuls, der mich berührt, und den ich mir bewahren will, um daraus zu leben. „Nicht das viel Wissen sättigt die Seele“, sagt *Ignatius von Loyola*, „sondern das Fühlen und Kosten der Dinge von innen!“ [1)]

Zeit zum Verweilen und Nachdenken

Nach der Lektüre bleibt Zeit, alles noch einmal nachklingen zu lassen. Hier geht es weniger darum, weitere Gedanken zu entwickeln, sondern das Gelesene in die Tiefe sinken zu lassen, wo es nachhaltig weiterwirken kann.

Ich warte geduldig, und gebe noch einmal der Stille Raum.

Wichtige Gedanken, Einsichten und Fragen, die ich festhalten will, kann ich mir aufschreiben. Dazu empfiehlt es sich, ein „geistliches Tagebuch“ anzulegen. Einsichten und Entschlüsse wirken so nachhaltiger. Ich kann später erneut darauf zurückgreifen.

Gott begegnen: Anregungen für das Gebet

Üben, Nachdenken und Schweigen sollen ins *Gebet* münden. Jede Besinnung enthält Anregungen dafür, die auf das Tagesthema abgestimmt sind. Dies will jedoch nur eine Hilfe sein. Wichtiger ist, dass ich selbst zu einer persönlichen Zwiesprache mit Gott gelange, ihm innerlich nahe komme und in seiner liebenden Gegenwart verweile.
Wie mit einem Freund darf ich mit Gott sprechen und mich ihm anvertrauen. Hier haben auch persönliche Dank- und Fürbitt-Gebete ihren Platz, besonders für Menschen, die mir die Besinnung ggf. vor Augen gestellt hatte. Wenn mir etwas schwierig erscheint, mich herausfordert oder gar überfordert, bitte ich um Klarheit und Kraft.
Dann kann ich noch eine Weile im Schweigen verharren.
Es ist sinnvoll, mit einem festen Gebet abzuschließen: z.B. dem Vaterunser, oder einem Gebet nach eigener Wahl. Einige Gebetsvorschläge finden sich auf S. 10.

Impuls für den Tag

Der letzte Abschnitt gibt jeweils eine praktische Anregung. Oft werde ich jedoch eigene Ideen dafür finden. Sie haben immer den Vorrang! Ich kann sie auch auf einen Zettel notieren, der mich durch den Tag begleitet.

Rückblick auf die Woche

Das gesamte Buch ist nach den vier Wochen der Adventszeit gegliedert. Jede Woche hat ihren eigenen Akzent.
Der jeweils 7. Tag bringt kein neues Tagesthema, sondern leitet an zum Rückblick auf die Woche und auf das Wochenthema. Der Aufbau folgt jedoch dem Muster der anderen Tagesbesinnungen.
Dieser Wochenrückblick soll helfen, noch einmal einen Überblick zu bekommen und das Wichtigste, das man sich bewahren möchte, in Erinnerung zu rufen. Auch hier kann man sich Notizen ins „geistliche Tagebuch“ machen.

Einstimmende Übung zur Sammlung

Diese Übung steht jeweils am Beginn jeder Tagesbesinnung. Die folgende Anleitung ist recht ausführlich und geht auch auf praktische Aspekte der Meditations-Methodik ein. Wer schon mehr Erfahrung hat, wird vielleicht eine so detaillierte Anleitung nicht mehr benötigen (eine Kurzfassung findet sich auf S. 68). Jeder möge also die Einstimmung in der Weise (knapper oder ausführlicher) durchführen, wie sie ihm entspricht. – Die „Technik“ des Meditierens ist weitgehend der aus Japan stammenden Zen-Meditation entlehnt.

❖ Sie können den Text auch aufnehmen und als Einstimmung zu Ihrer Meditation laufen lassen. Sprechen Sie langsam und ruhig, mit Pausen nach den einzelnen Schritten der Übung.

Ankommen

Ich habe jetzt Zeit, Zeit zum Ankommen. Ich setze mich hin, in meiner gewohnten Meditations-Haltung, und komme zur Ruhe.

Meditationsgerecht sitzen

Wer eine der „klassischen“ Formen meditativen Sitzens (Lotus- oder Fersensitz) beherrscht, wird diesen einnehmen und dafür wohl keine besondere Anleitung mehr benötigen.
Ansonsten genügt auch ein normaler Stuhl. Hier setze ich mich so hin, dass eine ausgeglichene Haltung entsteht. Hüfte, Knie und Fußgelenk bilden jeweils einen rechten Winkel (zum Höhenausgleich hilft eine gefaltete Decke unter den Fußsohlen bzw. auf dem Sitz). Die Lehne des Stuhls darf mir helfen, aufrecht zu sitzen: Ich rücke so nahe an sie heran, dass sie zumindest im Kreuzbereich den Rücken stützt.

Den Leib fühlen

Nun spüre ich in meine Leibmitte hinein, und richte mich von der Mitte her auf. Die Wirbelsäule kommt ins Lot; ich nehme ihre aufrichtende Kraft wahr. Ihr vertraue ich mich an. Ich kann mich jetzt im Rücken wieder loslassen, ohne zusammenzusinken oder umzukippen. So sitze ich in einem entspannten Gleichgewicht: gerade und aufrecht, doch ohne mich anstrengen zu müssen.
Meine Hände ruhen auf den Oberschenkeln, oder schalenförmig ineinander gelegt im Schoß. Unter mir nehme ich den Boden wahr, der mich trägt, und ggf. die Sitzfläche des Stuhles oder Hockers.

Die Augen können geschlossen sein. Will ich sie lieber geöffnet lassen, um nicht ins Träumen zu geraten, sollte der Blick auf einem Punkt am Boden vor mir ruhen, ohne jedoch etwas zu fixieren. So vermeide ich Ablenkungen.

Den Körper entspannen

Jetzt löse ich alle Spannungen in meinem Körper: Arme und Hände (ggf. rechts und links nacheinander) ... Beine und Füße, vom Gesäß ausgehend (rechts ... links); ... dann der Rücken vom Kreuzbein ausgehend aufwärts, die Wirbelsäule entlang, bis zu den Schultern; dabei gelangt meine Sitzhaltung noch besser ins Gleichgewicht; die Schultern fallen locker zur Seite herab; ... schließlich Hals und Nacken ...
Besonders aufmerksam entspanne ich mein Gesicht: Mundpartie (ich löse alle „Verbissenheit"), Wangen, Bereich um die Ohren und Augen, die Stirn. ... Ich spüre, wie das Gesicht frei und heiter wird. ...
Die Entspannung kann sich von der Stirn ausbreiten über die gesamte Kopfhaut hinweg. Das wirkt auch in die Tiefe: Vielleicht spüre ich, wie ein Druck vom Gehirn – und damit vom Denken – weggenommen wird.
Schließlich entspanne ich die Muskeln von Brust und Bauchdecke und spüre, wie der Atem freieren Raum bekommt.

Mit dem Atem mitschwingen

Nun nehme ich meinen Atem wahr, lasse ihn frei gehen, wie er will, und atme alles Belastende aus. Ich schwinge mit der Bewegung des Ein- und Ausatmens mit. Fördernd für Entspannung und Sammlung wirkt die „Tiefen-Atmung" mit Hilfe des Zwerchfells in den Bauchraum hinein: Hierbei wölbt sich die Bauchdecke vor und zurück, die Bewegung des Atmens wird bis in die Tiefe des Bauchraumes spürbar. (Damit ist *nicht* ein angestrengt „tiefes" Atmen gemeint!)

Den Geist zur Ruhe kommen lassen

Alle Anspannung lasse ich gleichsam abfließen. Auch Druck und geistige Anstrengung lasse ich los. Jetzt brauche ich nichts darzustellen, nichts zu erreichen, nichts zu leisten. Es genügt, einfach da zu sein.
Was vorher war, lasse ich los. Es ist vergangen. ... Was kommen wird, ist noch nicht da. ... Alles darf jetzt sein, wie es ist: meine Verfassung, meine Gedanken und Gefühle, Menschen, Geräusche...

Meine Gedanken kommen zur Ruhe. Ich lasse sie vorbeiziehen, wie sie in mir aufsteigen, ohne ihnen nachzugehen. Eine innere Stille tritt ein. Ich bin ganz gegenwärtig, und frei von allen Ablenkungen.

Die innere Mitte erspüren

Der Atem hat mich nach innen und in die Tiefe geführt. Ich erspüre meine innere Mitte, die noch einmal hinter der Welt der Gedanken, Bilder und Empfindungen liegt – jenen geheimnisvollen Punkt, von dem aus ich *„ich"* sagen kann. So komme ich mir selbst nahe, werde ganz eins mit mir. Ich bin ganz bei mir, und ruhe in mir selbst.
So bin ich wach und gegenwärtig. Ich öffne mich für das Geheimnis des Lebens, das in meiner Tiefe anwesend ist – und zugleich dafür, dass *Gott* mich in dieser Tiefe berühren und ansprechen kann.

Gebete zum Abschluss der Tagesbesinnungen

Komm, o mein Heiland Jesu Christ, meins Herzens Tür dir offen ist.
Ach zieh mit deiner Gnade ein, dein Freundlichkeit auch uns erschein.
Dein Heilger Geist uns führ und leit den Weg zur ewgen Seligkeit.
Dem Namen dein, o Herr, sei ewig Preis und Ehr.

Liedtext von *Georg Weißel;* aus Gotteslob Nr. 218, 5. Strophe

Wachse, Jesus, wachse in mir: in meinem Geist, in meinem Herzen, in meiner Vorstellung, in meinen Sinnen.
Wachse in mir in deiner Milde, in deiner Reinheit, in deiner Demut, deinem Eifer, deiner Liebe.
Wachse in mir mit deiner Gnade, deinem Licht und deinem Frieden.
Wachse in mir zur Verherrlichung deines Vaters, zur größeren Ehre Gottes.

Gebet von *Pierre Olivaint;* aus Gotteslob Nr. 6/5

Immerfort empfange ich mich aus deiner Hand. Das ist meine Wahrheit und meine Freude. Immerfort blickt mich voll Liebe dein Auge an, und ich lebe aus deinem Blick, du mein Schöpfer und mein Heil.
Lehre mich, in der Stille deiner Gegenwart das Geheimnis zu verstehen, das ich bin. Und dass ich bin durch dich und vor dir und für dich.

Gebet von *Romano Guardini*

ANREGUNGEN FÜR EINEN TAGESRÜCKBLICK

Auch unabhängig von der Arbeit mit diesem „spirituellen Adventskalender" ist es sinnvoll, täglich einen „geistlichen Tagesabschluss" mit einem Tagesrückblick zu gestalten: Alles was mir heute begegnet ist, schaue ich noch einmal an. Vielleicht notiere ich mir auch, was mir wichtig geworden ist.
Danach übergebe ich alles an Gott. Er schaut auf mich mit dem Blick der Liebe, nicht fordernd oder gar als Richter. So kann ich frei von Sorge, Angst und Schuldgefühlen einschlafen – und den nächsten Tag als sein Geschenk erwarten.

Ich mache mir bewusst, dass Gott da ist

- Ich lasse mir Zeit anzukommen: bei mir... bei Gott...
- Ich bitte ihn, in seinem Geist den Tag anschauen zu können: vorurteilsfrei, gelassen, liebend.

Ich schaue mir den Tag an

- Stunde um Stunde lasse ich vor meinem inneren Auge vorüberziehen. Ich nehme mir Zeit, auch einzelnes, das mir wichtig war, genauer anzuschauen.
- Dabei dürfen Gedanken, Empfindungen, Widerstände, Gefühle, auch körperliche Reaktionen (wieder) aufsteigen: z. B. Dankbarkeit, Freude, Ärger, Unsicherheit, Angst, Unruhe... All dies nehme ich einfach wahr, ohne es zu werten. Ich halte es Gott hin.

Ich gebe den Tag an Gott zurück

- *Wofür will ich danken?*
  Ich rufe mir alles in Erinnerung, womit ich mich heute beschenkt fühle: freudige Augenblicke und schöne Erlebnisse, tiefe Begegnungen, fruchtbare Arbeit und gutes Gelingen, glückliche Fügungen, Gebets-Erhörungen...
  Bin ich heute (ggf. angeregt durch diesen „spirituellen Adventskalender") zu innerem Wachstum oder zu neuen Erfahrungen gelangt? Sehe ich manches in meinem Leben mit neuen Augen? Konnte ich intensiver beten? Durfte ich Menschen neu begegnen?
  Ich lasse Dankbarkeit in mir aufsteigen, verweile darin, und preise Gott für seine Gaben.

- *Worum will ich bitten?*
  Mit mancherlei Problemen war ich heute konfrontiert – eigenen und denen anderer. Mitmenschen haben mir ihre Anliegen anvertraut.
  Habe ich mich (ggf. angeregt durch diesen „spirituellen Adventskalender") zu einem neuen Schritt entschlossen, und suche nun Gottes Hilfe dafür?
  Dies alles lege ich in Gottes Hand. Ich bitte um Hilfe und Kraft – und auch darum, das annehmen zu können, was sich nicht verändern lässt.
  Menschen, für die ich beten will, halte ich Gott hin und bitte ihn, ihnen das zu geben, was gut für sie ist – er weiß es besser als ich.
- *Was muss ich loslassen?*
  Manches lässt mich nicht los: Sorgen und Ängste, ungelöste Probleme und Konflikte, verpasste Gelegenheiten, seelische Verwundungen, eigenes Versagen und Schuld...
  Habe ich Widerstände gegen Impulse aus diesem „spirituellen Adventskalender" oder gegen den dadurch angeregten Wachstumsprozess empfunden? Denke ich, heute zu wenig geliebt zu haben?
  Ist mein Leben aus dem Glauben bei anderen auf Unverständnis oder Widerspruch gestoßen? Fühle ich mich deshalb entmutigt?
  All dies nenne ich beim Namen. Dann forme ich gleichsam ein „Päckchen" daraus und schicke es an Gott. (Diese bildhafte Vorstellung hilft, es loszulassen und wegzugeben.) Unbelastet gehe ich nun in die Ruhe der Nacht.

1. Woche:

Zur Ruhe finden

Einstimmende Schriftworte

Das Wort des Herrn erging an Elija: Was willst du hier, Elija?
Er sagte: Mit leidenschaftlichem Eifer bin ich für den HERRN, den Gott der Heerscharen, eingetreten, weil die Israeliten deinen Bund verlassen, deine Altäre zerstört und deine Propheten mit dem Schwert getötet haben. Ich allein bin übrig geblieben, und nun trachten sie auch mir nach dem Leben.
Der HERR antwortete Elija: Komm heraus und stell dich auf den Berg vor den HERRN! Da zog der HERR vorüber: Ein starker, heftiger Sturm, der die Berge zerriss und die Felsen zerbrach, ging dem HERRN voraus. Doch der HERR war nicht im Sturm. Nach dem Sturm kam ein Erdbeben. Doch der HERR war nicht im Erdbeben. Nach dem Beben kam ein Feuer. Doch der HERR war nicht im Feuer.
Nach dem Feuer kam ein sanftes, leises Säuseln. Als Elija es hörte, hüllte er sein Gesicht in den Mantel, trat hinaus und stellte sich an den Eingang der Höhle.

1. Buch der Könige 19,9-13

Es geschah aber in diesen Tagen, dass Jesus auf einen Berg ging, um zu beten. Und er verbrachte die ganze Nacht im Gebet zu Gott.
Als es Tag wurde, rief er seine Jünger zu sich und wählte aus ihnen zwölf aus; sie nannte er auch Apostel.

Lukas-Evangelium 6,12-13

1. WOCHE – 1. TAG
(1. ADVENTSSONNTAG / 1. DEZEMBER)
„LET IT BE!“

Einstimmende Übung zur Sammlung: siehe S. 8-10

Zur Besinnung

Gelassenheit

„Let it be!“ – „lass es sein!“ sangen die Beatles mit unendlichen Wiederholungen in einem ihrer anrührendsten Songs. „Mutter Mary“ [2)] rät mit diesen Worten dem Sänger, der bedrückt, ratlos, enttäuscht ist, zur Gelassenheit.
Angesichts der modernen Hektik wünscht sich wohl mancher mehr Gelassenheit. Doch was meint das? „Gelassen“ ist, wer „lassen“ und „loslassen“ kann. Er lässt z.B. die Vergangenheit los, hängt nicht an ihr, träumt sich nicht in eine angeblich „gute alte Zeit“ zurück. Weil er die Vergangenheit vergangen sein lässt, belastet sie ihn nicht mehr.
Wer gelassen ist, nimmt die Dinge, wie sie sind – nicht wie er sie gern hätte. Er sucht nichts zu erzwingen. Auch unvorhergesehene Zwischenfälle bringen ihn nicht aus der Ruhe. Er reibt sich nicht ständig an der Wirklichkeit, sondern „lässt sie sein“. Das ist etwas anderes als Resignation. Der Resignierte sagt: Es kommt ja doch, wie es kommt; man kann nichts machen – eine negative Haltung, die lähmt. Auch der Gelassene weiß, dass die Welt ihren Gang geht, nicht immer so, wie es ihm recht wäre, und er nimmt sie, wie sie ist. Doch geht er positiv damit um und sucht aus dem Gegebenen das Beste zu machen. Seine Haltung ist produktiv. Nur wer „ja“ sagt, wer die Dinge annimmt, wie sie sind, vermag sie dann auch auf realistische Weise zu gestalten.

Wie wird man gelassen?

> *Himmel und Erde werden vergehen, aber meine Worte werden nicht vergehen.*
>
> Matthäus-Evangelium 24,35

Wie alle spirituellen Grundhaltungen muss man die Gelassenheit ein Leben lang einüben. Meditation hilft dabei. Zur Einstimmung in jede Tagesbesinnung gehört die Entspannung. Sie ist eine „Übung des Loslassens“, zuerst vom Leib her, dann auch geistig: Ich lasse Unruhe, Sorgen, Ängste, Anspan-

nung usw. los. Solche Übungen kann man mitten im Alltag wiederholen und so die Gelassenheit wiedergewinnen.
Dem Glaubenden hilft sein Vertrauen zu Gott. Weil ich an seine Vergebung glaube, brauchen mich auch die Verfehlungen meiner Vergangenheit nicht mehr zu belasten. Ich kann mich mit meinem Leben aussöhnen. Und weil ich in Gottes Hand bin, muss die Zukunft mich nicht ängstigen. Was auch immer kommt – Gott begleitet und trägt mich. Er wird mir die nötigen Kräfte verleihen, um allem gewachsen zu sein. In dem, was auf mich zukommt, kann ich Gottes Anruf vernehmen. Selbst wenn ich scheitere, falle ich nie tiefer als in seine Hand.

„Wenn morgen die Welt unterginge...

...würde ich heute noch ein Apfelbäumchen pflanzen“, soll *Martin Luther* gesagt haben – ein Zeugnis elementarer Gelassenheit. Die Liturgie des 1. Adventssonntags stößt uns darauf, dass nicht alles einfach immer so weitergehen wird. Die Welt hat ein Ende, ein Ziel. Alles, was jetzt geschieht, ist „vorletzte“ Realität. Vor allem deshalb dürfen wir dem gelassen begegnen. Einmal werden wir alles „lassen“ und loslassen müssen. Jeder Einzelne muss es in der Stunde seines Todes tun. Doch was wir jetzt tun, ist schon Baustein für die Ewigkeit – nur darum hat es Sinn, jenes Apfelbäumchen zu pflanzen... Das Ende ist nicht Untergang; es ist Vollendung. Aus diesem Wissen entspringt uns eine Gelassenheit, tiefer als jedes *„let it be“*.

Zeit zum Verweilen und Nachdenken

➢ *Was war mir besonders wichtig – was will ich mir bewahren?*

Anregungen für das Gebet

Ich wiederhole noch einmal die Entspannungsübung aus der einstimmenden Sammlung und spüre nach, wie ich dabei ruhiger und gelassener werde.
Dann lasse ich mich los in Gottes Hand hinein, und lasse das Grundvertrauen zu ihm in mir wachsen.

Impuls für den Tag

Ab und zu eine kurze Entspannungsübung hilft, die Gelassenheit wiederzugewinnen – gerade mitten aus Anspannung und Hektik heraus.

➢ *Habe ich eine eigene Idee für diesen Tag?*

1. WOCHE – 2. TAG (2. DEZEMBER)
BITTE RUHE!

Einstimmende Übung zur Sammlung: siehe S. 8-10

Zur Besinnung

Sehnsucht nach Stille

„Leise rieselt der Schnee..." Wie dieses, singen viele alte Adventslieder von einer ruhigen, besinnlichen Zeit. Der Mensch von heute reibt sich da die Augen und fragt verwundert: Wovon reden die eigentlich? Das war vielleicht einmal so. Ich erlebe nur Lärm und Hektik: volle Straßen und Kaufhäuser, überall aufgeregte Leute, Stress bei den Festvorbereitungen, Stress mit dem Besorgen von Geschenken, eine „Weihnachtsfeier" jagt die andere... Wie soll man da zur Ruhe kommen?

Und doch ist sie da: die Sehnsucht nach Stille und Sammlung; die Sehnsucht, zu sich selber zu kommen. Gibt es sie zuweilen doch, trotz allem vorweihnachtlichem Betrieb: jene seltenen Momente des Schweigens, des Innehaltens? Wann, wo, durch was erlebe ich sie? ... Ich schaue jetzt auf solche Augenblicke. Kann ich aus ihnen, so selten oder kurz sie sein mögen, Kraft schöpfen? Will ich sie *suchen?*

Was hilft?

Es lohnt sich, das ausfindig zu machen, was *mir* hilft, die alltägliche Hektik zu durchbrechen und zur Ruhe zu kommen.

Vielen hilft die Meditation. Das methodische Üben (gleich welcher Form von Meditation man folgt) schafft Abstand. Man muss sich konzentrieren, ist ganz da im Hier und Jetzt. Das Üben selbst wirkt schon heilsam. Gerade auch der „innere Lärm", das ständige Kreisen der Gedanken, das einen noch dort verfolgt, wo es sonst still ist, wird langsam zum Schweigen gebracht. Ich ahne etwas von der Tiefe in mir. Klarheit wächst: Wie konnte ich mich nur so in die Hektik treiben lassen? War das wirklich nötig? Aus der Ruhe heraus geht doch alles besser...

Für andere ist die Natur eine Quelle der Ruhe – vielleicht gerade jetzt im Winter, wo die Natur selbst ruht. Ein stiller See ... eine weite Schneelandschaft ... der schweigende Wald ... das lautlose Fallen der Schneeflocken ... der Sternenhimmel in einer klaren Winternacht ... – ihre Ruhe geht auf mich über, je länger ich davor verweile.

Wieder andere finden Ruhe und Sammlung durch die Musik, durch Malen, durch die Betrachtung eines Bildes, durch meditative Bewegung oder Tanz... Jeder soll *seinen* Weg finden, der *ihm* entspricht.

„Unterbrechungen"

Durch Umkehr und Ruhe werdet ihr gerettet,
im Stillhalten und Vertrauen liegt eure Kraft!
Jesaja 30,15b

An einem führt kein Weg vorbei: Zu dem, was in die Ruhe führt, muss man sich *entschließen.* Bewusst gilt es, den Alltagsbetrieb zu unterbrechen, zuweilen geradezu abzubrechen. Und man muss sich Zeit nehmen – oft auf Kosten anderer „Zeitvertreibe" wie Fernsehen, Computerspiele, Smalltalk usw. Doch die Früchte sind es wert!
Was darf ich mir erwarten? Aus der Ruhe erwächst Kraft. Oft hält die Sammlung aus der Stille noch lange an, mitten in die alltäglichen Beschäftigungen hinein, und schafft Gelassenheit.
Die kostbarste Frucht aber besteht darin, dass ich deutlicher spüre, was ich selbst wirklich will, was mir entspricht. Ich lerne, mehr „innen-gesteuert" zu leben und mich weniger von Erwartungen, äußerem Druck, Mode usw. bestimmen zu lassen – von all dem, was „man" tut und haben will und zu müssen meint. *Ich* aber „muss" nicht, wenn ich es nicht wirklich *will!* Das dürfte die wirksamste Medizin gegen vorweihnachtliche Hektik und Konsumrausch sein...

Zeit zum Verweilen und Nachdenken

- *Was war mir besonders wichtig – was will ich mir bewahren?*

Anregungen für das Gebet

Ich verweile und genieße die Ruhe, die mir jetzt geschenkt wird.
Ich danke Gott, dass es trotz aller Unrast solche Augenblicke gibt, und bitte ihn, etwas von dieser Ruhe bewahren zu können.

Impuls für den Tag

Ich achte auf die Momente der Ruhe und Stille, die es heute gibt. Vielleicht sind sie gar nicht so selten? Ich nutze sie bewusst, um innerlich Atem zu schöpfen.

- *Habe ich eine eigene Idee für diesen Tag?*

1. Woche – 3. Tag (3. Dezember)
Nur für heute...

Einstimmende Übung zur Sammlung: siehe S. 8-10

Zur Besinnung

In der Gegenwart leben

„Nur für heute" wollte *Papst Johannes XXIII.* sich einen Plan machen, das Notwendige tun, sich auf Begegnungen einstellen... und vor allem: keine Angst haben! Sich so auf die *Gegenwart* zu konzentrieren half ihm, seinen Aufgaben, die ihn zu erdrücken drohten, gerecht zu werden, ohne daran zu zerbrechen. Sein „Dekalog der Gelassenheit" wurde legendär.

Eine tiefe Weisheit liegt darin – denn nur die Gegenwart gehört wirklich mir! Die Vergangenheit ist vorbei und nicht mehr zu ändern. Hänge ich noch an ihr, trauere ich ihr nach, dann verpasse ich die Gegenwart. Die Zukunft ist noch nicht da. Sie kann ich gestalten, doch auch immer nur vom gegenwärtigen Augenblick aus. Was ich *jetzt* nicht tun kann, kann ich eben (noch) nicht tun. Mich in die Zukunft hinein zu träumen oder mich zu ängstigen vor Dingen, die vielleicht nie kommen werden, raubt mir gleichfalls die Gegenwart. Und doch: wie oft ertappe ich mich bei dem einen wie dem andern, und verschwende viel Zeit nutzlos, die ich jetzt wirklich *leben* könnte...

Marta und Maria

> *Marta, Marta, du machst dir viele Sorgen und Mühen. Aber nur eines ist notwendig. Maria hat den guten Teil gewählt, der wird ihr nicht genommen werden.*
>
> Lukas-Evangelium 10,41-42

Marta ist viel beschäftigt – und verzettelt sich. Darüber verpasst sie das, was *jetzt* angebracht wäre: sich dem Gast, Jesus, zuzuwenden und mit ihm ins Gespräch zu kommen. Das hat Maria besser begriffen.

So hat jeder Augenblick seine eigene Chance, sein Geschenk, seine Aufgabe oder Herausforderung. Viel Stress verschwindet – gerade dann, wenn vieles auf mich einstürmt –, sobald es mir gelingt, mich auf das „eine Notwendige" zu konzentrieren. Immer nur das zu tun, was *jetzt* an der Reihe ist, bleibt gewöhnlich eine überschaubare Aufgabe. Danach lasse ich es hinter mir, lasse es ganz los, und wende mich voll und ganz dem zu, was als Nächstes ansteht. So lebe ich intensiv und zugleich gelassen. Besonders *Menschen* wende ich mich mit voller Aufmerksamkeit zu. Daraus können tiefe Begegnungen erwachsen, selbst wenn die Zeit begrenzt ist.

Gottes Anruf

Im gegenwärtigen Augenblick erreicht mich auch der Anruf *Gottes;* er ist (nach einem Wort aus Taizé) das „Heute Gottes“. Der Ruf des lebendigen Gottes ergeht immer neu an mich, sehr konkret, durch die Umstände meiner jeweiligen Situation. „Was ist von Gott her gesehen jetzt richtig und wichtig?“ Wenn ich so dem „Gebot der Stunde“ folge und es mit den Augen des Glaubens betrachte, habe ich den Willen Gottes erfüllt.

Der große Missionar *Franz Xaver*, der heute gefeiert wird, war ein Meister darin, sich ganz in eine Situation hineinzubegeben und aus ihr den Willen Gottes zu erkennen: Er lebte arm mit den Armen. Er lernte die Sprachen der Völker, die er für Christus gewinnen wollte, und entwarf Liturgien, die in ihre Kulturen passten – eine bis heute vorbildliche Pionierarbeit.

Zeit zum Verweilen und Nachdenken

- *Was war mir besonders wichtig – was will ich mir bewahren?*

Anregungen für das Gebet

Ich sammle mich in der Gegenwart und werde still. Mag sein, dass sich vielerlei hineindrängt: Erinnerungen, Gedanken, Pläne, Ängste, Sorgen... Ich nehme es wahr, bleibe aber nicht daran hängen. Jetzt bin ich einfach da vor Gott. Ich muss nichts sagen. Meine liebende Aufmerksamkeit ist mein Gebet. Da kann Gott mich beschenken. Da kann er mich ansprechen.

Impuls für den Tag

Immer, wenn es mir gelingt, daran zu denken, suche ich wirklich „gegenwärtig“ zu sein ... mich ganz dem Augenblick zu öffnen ... mich ganz einem Menschen zuzuwenden ... das „eine Notwendige“ zu tun, immer eines nach dem andern.

- *Habe ich eine eigene Idee für diesen Tag?*

1. WOCHE – 4. TAG (4. DEZEMBER)
IM „FLOW“

Einstimmende Übung zur Sammlung: siehe S. 8-10

Zur Besinnung

Geheimnis intensiven Lebens

Forscher wollten herausfinden, wann und unter welchen Bedingungen Menschen glücklich sind. Erstaunlich viele der Befragten gaben an, ausgerechnet bei ihrer *Arbeit* oft sehr glücklich zu sein: dann nämlich, wenn sie sich voll und ganz hineingeben konnten. Dann vergaßen sie die Zeit, die Arbeit ging leicht von der Hand, Leben und Arbeit wurden eins. Die Forscher bezeichneten diesen Zustand als *„Flow“*, englisch für „Fließen“. Es gibt ihn ebenso bei intensiven Erlebnissen und tiefen menschlichen Begegnungen.
Zu den Geheimnissen eines erfüllten Lebens zählt genau das: nicht nur gut in der Gegenwart da zu sein, sondern zugleich ganz aufzugehen in dem, was jetzt geschieht oder was man tut, „geistes-gegenwärtig“ zu sein.
„Wenn ich stehe, stehe ich. Wenn ich gehe, gehe ich. Wenn ich esse, esse ich. Wenn ich spreche, spreche ich...“ So erläuterte ein Weiser seine Lebenskunst. „Was soll daran Besonderes sein? Tun das nicht alle?“, entgegnete man ihm. „Nein“, erwiderte er, „das tut ihr nicht! Wenn ihr sitzt, steht ihr schon. Wenn ihr steht, lauft ihr schon. Wenn ihr lauft, wollt ihr schon am Ziel sein. Nie seid ihr *da* in dem, was ist!“

Ganz sein

Durch Stille und Sammlung übe ich eine solche Lebenshaltung ein, und kann sie dann auch im Alltag praktizieren. Wenn ich arbeite, tue ich es mit voller Konzentration. Wenn ich mich erhole, gehe ich ganz darin auf. Wenn ich bete oder einen Gottesdienst mitfeiere, bete ich „andächtig“, das heißt mit ganzem Herzen und voller innerer Beteiligung. Wenn ich einem Menschen begegne, wende ich mich ihm mit ungeteilter Aufmerksamkeit zu; jetzt ist er für mich der wichtigste Mensch auf der Welt. So *lebe* ich „ganz“ und bewusst, und darum erfüllt.
Dieses „Ganz-Sein“ fällt nicht leicht und muss immer neu eingeübt werden. Habe ich solche Augenblicke schon erlebt? Dann weiß ich, dass es Momente höchster Lebendigkeit sind. So gewinne ich mein Leben. Es lohnt, sich darum

zu mühen! Was hilft mir, in dieses „Fließen des Lebens“ hineinzukommen? Kann ich es bewusster pflegen und anstreben?

Gegen den Trend

Wer die Stille liebt, weiß, wie glücklich man darin sein kann. Man braucht dazu weiter nichts – nur ganz da zu sein. Ein krasser Gegensatz zur Werbung! Die will uns ständig einreden, wir wären umso glücklicher, je mehr wir haben und konsumieren können: „Leiste mehr, damit du dir mehr leisten kannst!“ Das Gegenteil trifft zu: Erfüllung liegt keineswegs in der ständigen Vermehrung der Bedürfnisse – das macht nur hektisch und ruhelos. Erfüllung kommt aus der Konzentration auf Weniges, aber Wesentliches, das ich dann bewusst lebe und auskoste. Damit allerdings stelle ich mich gegen den Trend und muss den Verführungen der Konsumgesellschaft Widerstand leisten. Was brauche ich *wirklich?* Weniger als ich denke... Menschen in einfachen Kulturen fühlen sich meist glücklicher als die gestressten Wohlstandsbürger!

Ist nicht das Leben mehr als die Nahrung und der Leib mehr als die Kleidung?

Matthäus-Evangelium 6,25b

Barbara, die Heilige des heutigen Tages, wurde von ihrem heidnischen Vater eingesperrt, weil sie nicht heiraten wollte: Christus sei ihr Bräutigam, sie brauche keinen andern, um glücklich zu sein. Damit schwamm sie gegen den Strom, denn „jungfräulich“ zu leben war damals ebenso unpopulär wie in unserer Zeit. Doch es gibt sie auch heute: Menschen, denen Gott wichtiger ist als alles, was Menschen sonst im Leben so wichtig ist, und die genau darin ihr Glück finden.

Zeit zum Verweilen und Nachdenken

- *Was war mir besonders wichtig – was will ich mir bewahren?*

Anregungen für das Gebet

Was macht mich wahrhaft glücklich? Was erfüllt mich? Ich denke darüber nach, bitte den Heiligen Geist um Klarheit – und um die Kraft, konsequenter daraus zu leben.

Impuls für den Tag

Augenblicke wahrnehmen, in denen ich ganz da und innerlich ganz frei bin.

- *Habe ich eine eigene Idee für diesen Tag?*

1. Woche – 5. Tag (5. Dezember)
Schafft Schweigen!

Einstimmende Übung zur Sammlung: siehe S. 8-10

Zur Besinnung

„Schafft Schweigen!“, empfahl der dänische Philosoph *Sören Kierkegaard* auf die Frage, was der Erneuerung des Christentums am meisten dienen könne. Die einstimmende Meditation zu jeder Besinnung dieses Buches führt in die Stille. Zunächst soll das helfen, aufmerksamer und empfänglicher für die dann folgenden Impulse zu werden. Doch Stille hat auch ihren eigenen Wert. Es lohnt sich, gelegentlich länger im Schweigen zu verweilen.

Abstand vom Alltag

Was darf ich mir von der Stille erwarten? Welche Erfahrungen mache ich damit? Oft werde ich als erstes merken, wie schwierig es sein kann, wirklich still zu werden. Selbst wenn ich äußerlich zur Ruhe komme, kreisen die Gedanken in mir und machen eine Art „inneren Lärm“. Sorgen und unerledigte Aufgaben wollen mich nicht loslassen. Am meisten hilft es hier, ganz methodisch zu üben: Sitzhaltung ... Entspannung ... Atem ... – wie an einem Geländer lasse ich mich von der Übung führen. Plötzlich mag sie dann da sein: die innere Stille, wo auch die Gedanken zur Ruhe gelangen.
So gewinne ich Abstand zum Alltagsgetriebe. Tiefere Quellen innerer Erneuerung tun sich auf, die sonst verschüttet bleiben. Stille ist erholsam, ja heilsam für Leib und Seele. Allein dafür lohnt es sich, sie zu suchen.

Bei sich sein

Wann bin ich schon wirklich „ganz bei mir“? Höchst selten! Das meiste, was ich tue, zieht mich eher nach außen: Ich beschäftige mich mit meiner Arbeit ... ich rede mit Menschen ... ich lese Zeitung oder sehe fern ... – vieles stürmt auf mich ein, doch wo bleibe *ich?* In der Stille rückt das alles in die Ferne; ich bin mit mir selbst allein. Auch dies: für manche schwer auszuhalten! Doch jetzt tritt das ein, was ich sonst so vermisse: Ich bin ganz da im Hier und Jetzt, frei von Anforderungen, ohne Druck, buchstäblich „ganz bei mir“.
In der Stille kann ich entdecken: Hinter dem „Vorhang“ der Gedanken, Gefühle und inneren Bilder gibt es noch etwas Tieferes: meine innere Mitte, jenen geheimnisvollen Punkt, von dem aus ich *„ich“* sagen kann. Es ist das Ge-

heimnis meiner Person, meiner Identität. Von hier aus tue und erlebe ich alles. Dieses „innere Selbst" wahrzunehmen ist eines der Hauptziele jeder Form von Meditation. Ich kann diese Erfahrung wieder mitnehmen in den Alltag und werde dadurch fähig, mehr „von innen heraus" zu leben und auch im Getriebe „ich selbst" zu bleiben.

Religiöse Tiefe

> *Nach dem Feuer kam ein sanftes, leises Säuseln. Als Elija es hörte, hüllte er sein Gesicht in den Mantel, trat hinaus und stellte sich an den Eingang der Höhle. Da vernahm er eine Stimme, die ihm zurief: Was willst du hier, Elija?*
>
> 1. Buch der Könige 19,12b-13

Stets ist die Stille offen für eine noch größere Tiefe, die mein begrenztes Selbst übersteigt: Ich ahne, dass ich getragen, im Dasein gehalten bin von einer umgreifenden Macht, in der alles gründet. Auch wer diese Macht nicht „Gott" nennen will, ist nach Haltung und Erfahrung *religiös.*
Manchmal berührt mich das tief: Ich fühle mich Gott nahe, wie eingehüllt in seine Gegenwart, ja seine Liebe. In der Tiefe des menschlichen Herzens gibt es einen Punkt, wo Gott uns anrühren kann. Die Mystiker aller Zeiten und aller Religionen wussten um dieses Geheimnis. „Geh deinem Gott entgegen bis zu dir selbst", sagt *Bernhard von Clairvaux.*[3)]
Solche Erfahrungen kann man nicht „machen", nur sich schenken lassen. Nicht immer geschehen sie. In der Stille warte ich darauf. Mein Schweigen lässt mich aufmerksam und empfänglich dafür sein.

Zeit zum Verweilen und Nachdenken

- *Was war mir besonders wichtig – was will ich mir bewahren?*

Anregungen für das Gebet

Längere Zeit in der Stille verweilen, den Erfahrungen nachspüren – und vor allem aufmerksam sein, ob Gott mich anrührt.

Impuls für den Tag

Auch kurze Phasen der Stille zwischendurch schaffen gesunden Abstand zum Getriebe des Alltags.

- *Habe ich eine eigene Idee für diesen Tag?*

1. WOCHE – 6. TAG (6. DEZEMBER)
WIE VIEL DRUCK MUSS SEIN?

Einstimmende Übung zur Sammlung: siehe S. 8-10

Zur Besinnung

„Ich bin wie eine Kuh: Ich gebe nur unter Druck Milch!"

Diesen lockeren Spruch finde ich bei mir voll bestätigt: Oft ist es gut, einen festen Termin für eine Aufgabe zu haben, sonst würde ich sie zu lange vor mir herschieben. Das zwingt mich zu disziplinierter Arbeit. Ich brauche einen Zeitplan, und muss mich an ihn halten. Maßvoller Druck kann heilsam sein.

Wir würden uns wohl, gerade in der oft turbulenten Adventszeit, ein druck- und stressfreies Leben wünschen. Für ein paar Wochen Urlaub passt das. Doch sonst gilt: Ohne gefordert zu sein, werden wir träge. Was wirklich in einem Menschen steckt, fördern erst die größeren Herausforderungen zu Tage.

Wer setzt mich unter Druck?

Übermäßiger Druck allerdings zerstört den Menschen. Oft kommt der Druck von außen; man kann ihm kaum ausweichen. Bei genauerem Hinsehen zeigt sich indes: Erschreckend viel Druck machen wir uns selbst.

Der Perfektionist etwa steckt viel mehr Mühe in eine Aufgabe, als wirklich nötig wäre, und ist am Ende immer noch nicht mit sich zufrieden, will alles noch weiter perfektionieren. Fehler sind ihm unerträglich. Er muss begreifen: Fast immer ist das nicht so Perfekte dennoch gut genug. Auch aus Fehlern kann man lernen. Und kleine Unvollkommenheiten machen einen Menschen sogar sympathischer!

Unsere Leistungsgesellschaft verleitet dazu, dass manche sich viel zu viel abfordern, bis weit über ihre Grenzen hinaus. Irgendwann sind sie ausgebrannt. Leistungswille ist an sich etwas Positives. Zerstörend wirkt es, wenn Menschen ihren eigenen Wert ausschließlich nach ihrer Leistung bemessen. Die Wirtschaft tut das – und sortiert gnadenlos alle aus, die nicht mithalten können. So stehen alle unter Leistungs- und Konkurrenzdruck. Als Mensch, erst recht als Geschöpf Gottes, trage ich jedoch Wert und Würde in mir selbst. Sie entstehen nicht erst durch meine Leistungen – sie sind immer schon da. Solches „Selbst-Bewusstsein" befreit: Ich muss nicht erst beweisen, was ich wert bin. Ich kann Erwartungen widerstehen und auch einmal riskieren, mich dadurch unbeliebt zu machen. Selbst wenn andere geringschätzig auf mich blicken, bin ich ganz und wertvoll in den Augen Gottes.

Was nimmt den Druck?

Sorgt euch also nicht um morgen; denn der morgige Tag wird für sich selbst sorgen. Jeder Tag hat genug an seiner eigenen Plage.

Matthäus-Evangelium 6,34

„Besenstrich für Besenstrich" kehrt „Beppo Straßenkehrer" in *Michael Endes* Erzählung „Momo" die lange Straße. Er ist schon ein alter Mann, und wenn er morgens seine Aufgabe vor sich sieht, wird er mutlos. Dann aber fängt er einfach an, arbeitet gelassen Schritt für Schritt, und wird bis zum Abend fertig, ohne erschöpft zu sein. Auch wenn Arbeits-, Termin- und Erwartungsdruck hoch sind, muss ich das nicht verinnerlichen. Gelassen bleiben, in überschaubaren Einheiten arbeiten, geduldig dranbleiben, Schritt für Schritt – das nimmt viel Stress. Ebenso wichtig: mich vom Druck nicht lähmen lassen, sondern rasch und entschlossen zupacken.

Nikolaus, dessen Fest heute gefeiert wird, ist einer der beliebtesten Heiligen. Viele Legenden erzählen von seiner Freigebigkeit und Hilfsbereitschaft. Er ließ sich nicht unter Druck setzen von Erwartungen, die es auch damals an einen Bischof gab: dass er repräsentieren, dass er Ansehen und Reichtum der Kirche vermehren müsse... Stattdessen ließ sich Nikolaus, ganz im Sinne des Evangeliums, fordern von der Not der Menschen. Dafür engagierte er sich ganz.

Zeit zum Verweilen und Nachdenken

➢ *Was war mir besonders wichtig – was will ich mir bewahren?*

Anregungen für das Gebet

Ich spreche mit Gott über meine verschiedenen Aufgaben in Beruf, Familie, Gemeinde usw., und erbitte mir Klarheit, Gelassenheit und Mut zur Unterscheidung des wirklich Wichtigen.

Impuls für den Tag

- Gelassen arbeiten, Schritt für Schritt.
- Vor allem dem selbst gemachten Druck widerstehen.

➢ *Habe ich eine eigene Idee für diesen Tag?*

1. WOCHE – 7. TAG (7. DEZEMBER)
INNEHALTEN AUF DEM WEG

Einstimmende Übung zur Sammlung: siehe S. 8-10

Ich rufe mir die Leitgedanken der Besinnungen in Erinnerung:

1. Tag: „Let it be!“ *Gelassenheit.*
2. Tag: Bitte Ruhe! *Was hilft zu Stille und Sammlung?*
3. Tag: Nur für heute... *In der Gegenwart leben.*
4. Tag: Im „Flow“. *Das Leben fließen lassen; ganz da sein.*
5. Tag: Schafft Schweigen! *Erfahrungen mit der Stille.*
6. Tag: Wie viel Druck muss sein? *Umgang mit „Stress“.*

Ich denke nach:

- Was hat mich besonders angesprochen oder berührt?
- Ist mir eine besondere Erfahrung zuteil geworden?
- Hat sich etwas in meinem Leben verändert?
- Bin ich zu mehr innerer Ruhe und Sammlung gelangt?
- Was möchte ich mir bewahren?

Zeit zum Verweilen und Nachdenken

Anregungen für das Gebet

- Ich *danke* Gott für gute Erfahrungen, neue Einsichten, inneres Wachstum, positive Veränderungen in meinem Verhalten...
- Ich *übergebe* Gott alles, was unbefriedigend verlaufen ist. Im Vertrauen auf seine Vergebung darf ich es loslassen.
- Was belastet und beunruhigt mich noch? Ich bete um mehr Kraft und Gelassenheit.
- Ich *bitte* Gott um Segen für alles, was ich mir vorgenommen habe.
- Vielleicht will ich noch in weiteren persönlichen Anliegen beten.

Impuls für den Tag

Was war das Wichtigste, das ich in dieser Woche entdeckt habe? Das vertiefe ich heute noch einmal.

2. WOCHE:

ZU SICH SELBER FINDEN

Einstimmendes Schriftwort

Als Jesus in das Gebiet von Cäsarea Philippi kam, fragte er seine Jünger und sprach: Für wen halten die Menschen den Menschensohn?
Sie sagten: Die einen für Johannes den Täufer, andere für Elija, wieder andere für Jeremia oder sonst einen Propheten.
Da sagte er zu ihnen: Ihr aber, für wen haltet ihr mich?
Simon Petrus antwortete und sprach: Du bist der Christus, der Sohn des lebendigen Gottes!
Jesus antwortete und sagte zu ihm: Selig bist du, Simon Barjona; denn nicht Fleisch und Blut haben dir das offenbart, sondern mein Vater im Himmel.

Ich aber sage dir: Du bist Petrus, und auf diesen Felsen werde ich meine Kirche bauen, und die Pforten der Unterwelt werden sie nicht überwältigen. Ich werde dir die Schlüssel des Himmelreichs geben; was du auf Erden binden wirst, das wird im Himmel gebunden sein, und was du auf Erden lösen wirst, das wird im Himmel gelöst sein.

Dann befahl er den Jüngern, niemandem zu sagen, dass er der Christus sei.

Matthäus-Evangelium 16,13-20

2. WOCHE – 1. TAG
(2. ADVENTSSONNTAG / 8. DEZEMBER)
DER WILDE PROPHET

Einstimmende Übung zur Sammlung: siehe S. 8-10

Zur Besinnung

Ein „wilder" Mann

In seinem Buch „Der wilde Mann" entwirft *Richard Rohr* eine Männer-Spiritualität. Innere Unabhängigkeit, Mut, Klarheit, Selbstbewusstsein und entschlossenes Handeln sind ihm darin wichtig.[4)] Als eine der biblischen Gestalten, die das verkörpern, gilt ihm *Johannes der Täufer*.

Schon rein äußerlich wirkt Johannes als „wilder" Prophet: Er kommt aus der Wüste. Seine Kleidung spricht jeglicher Mode Hohn. In seinen Reden nimmt er kein Blatt vor den Mund; mit schroffen Worten ruft er alle zur Umkehr. Selbst die hoch angesehenen Pharisäer und Sadduzäer[5)] kriegen ihr Fett ab. Mit der „Taufe", dem Untertauchen im Jordan, schafft er ein drastisches Symbol für das „Ersäufen" der alten Gewohnheiten und das Wiederauftauchen zu einem erneuerten Leben.

Wie mit Hieben einer scharfen Axt spaltet Johannes die Gummiwand der Selbstzufriedenheit, an der sonst alles wirkungslos abprallt. Einen Propheten wie ihn wünsche ich mir für heute! Denn genau hinter einer solchen Gummiwand aus Sattheit, Uninteressiertheit und Selbstgenügsamkeit sitzen zu viele.

Echte und falsche Selbstfindung

Sich selber finden, sich selbst verwirklichen – das wünschen sich viele. Doch was verstehen sie darunter? „Machen, was mir gefällt" ... „meinen Spaß haben" ... „nach Lust und Laune leben" ... – das und Ähnliches bekommt man zu hören. Doch auf diese Weise hat noch nie jemand sich selbst verwirklicht! So kreist man nämlich um sich selbst, bleibt bequem, lässt sich nicht fordern. Man pflegt den eigenen Egoismus, häufig zu Lasten anderer.

In *Michael Endes* Roman „Die unendliche Geschichte" begegnet der Held Bastian dem Löwen Graógraman und wird sein Freund. Eines Tages fragt er ihn nach dem Sinn des Amuletts, das er mitbekommen hatte. Darauf steht: „Tu was du willst". „Das bedeutet doch, dass ich alles tun darf, wozu ich Lust habe?" „Nein", grollt der Löwe", „es heißt, dass du deinen Wahren Willen tun sollst!" Dann erklärt er ihm, dies sei das tiefste Geheimnis in ihm. Um es zu entdecken, müsse er seinen Wünschen und Sehnsüchten folgen bis zu den letzten und tiefsten. Doch dafür brauche er höchste Wahrhaftigkeit und Aufmerksamkeit, um sich nicht selbst zu verlieren.[6)]

Umkehr zum Wesen

> *Legt den alten Menschen des früheren Lebenswandels ab, der sich in den Begierden des Trugs zugrunde richtet, und lasst euch erneuern durch den Geist in eurem Denken!*
>
> Epheserbrief 4,22-23

Selbstfindung ist demnach höchst anspruchsvoll! Ich verstehe mich selbst ja kaum, weiß nicht, was mir im Tiefsten entspricht. Viel unerkanntes und unentwickeltes Potenzial schlummert in mir. Damit es erwacht, muss ich mich neuen Begegnungen, neuen Erfahrungen, neuen Aufgaben und Herausforderungen stellen; ich muss Schritte ins Ungewisse wagen. Solange ich an der bequemen Oberfläche des Lebens bleibe, lerne ich mich nie richtig kennen.
Ernsthaft nach meinem „wahren Wesen" zu suchen ist eine Form der Umkehr! Ich werde vieles anders machen müssen, als „man" es tut, mir Widerspruch einhandeln oder belächelt werden, weil ich es mir so schwer mache. Doch nur jenseits der „Gummiwand des Gewohnten" erwartet mich meine wahre Identität: das, was ich selbst bin, als einmaliger, unverwechselbarer Mensch; das, was ich wirklich will, was mir zutiefst entspricht; das, was meine ureigene Aufgabe in der Welt ist. Nur ich allein kann es herausfinden. So werde ich ein „ganzer" Mensch.
Johannes der Täufer macht den Eindruck, dass er sich selbst und seine Aufgabe gefunden hat. Er ist mit sich identisch. Er weiß, was er will. Dafür setzt er ohne Zögern sein Leben und seinen Tod ein.

Zeit zum Verweilen und Nachdenken

➢ *Was war mir besonders wichtig – was will ich mir bewahren?*

Anregungen für das Gebet

Ich bitte Gott um das, was nötig ist, um ganz ich selbst zu werden: innere Unabhängigkeit, redliche Selbsterkenntnis, Mut zu Aufbruch und Wagnis.

Impuls für den Tag

- Ich suche wahrzunehmen: Wann bin ich in Einklang mit mir?
- Immer wieder stelle ich mir die Frage: Was will ich hier und jetzt *wirklich?*

➢ *Habe ich eine eigene Idee für diesen Tag?*

2. Woche – 2. Tag (9. Dezember)
Fest der „unbefleckten Empfängnis“ Marias 7)
Zu einem grösseren Leben berufen

Einstimmende Übung zur Sammlung: siehe S. 8-10

Zur Besinnung

Erwählt und gerufen

„Selbstverwirklichung“ steht heute hoch im Kurs. Stets ist damit die Vorstellung verbunden, einen eigenen Weg zu gehen und sich nicht von anderen bestimmen zu lassen, „selbstbestimmt“ und frei zu leben.
Maria scheint hier das absolute Gegenbild zu sein: Sie lässt ihre Lebenspläne umstürzen und erfüllt den Willen Gottes: *„Ich bin die Magd des Herrn; mir geschehe, wie du es gesagt hast“* (Lukas-Evangelium 1,38). Das Urbild eines (religiös) fremdbestimmten Menschen?
Das Fest der „unbefleckten Empfängnis“, auch „Erwählung Marias“ genannt, zeigt das alles in einem anderen Licht: Maria war *vorbereitet* für das, was Gott mit ihr plante, und zwar vom Anfang ihres Daseins, von ihrer eigenen Empfängnis an. Gott hat sie von vornherein so geschaffen, ja sie sogar mit der besonderen Gnade der Freiheit von der Erbsünde beschenkt, dass das, was er von ihr wollte, ihr entsprach! Nichts war damit vorprogrammiert. Maria blieb frei, ja es ermöglichte erst ihre volle Freiheit. In dieser Freiheit sagte sie „ja“. Dieses Ja eröffnete ihre wahre Identität, den eigentlichen Sinn ihres Lebens – weit über alle eigenen Pläne hinaus.

Nach Gottes Willen leben

Gepriesen sei der Gott und Vater unseres Herrn Jesus Christus. Er hat uns mit allem Segen seines Geistes gesegnet durch unsere Gemeinschaft mit Christus im Himmel. Denn in ihm hat er uns erwählt vor der Grundlegung der Welt, damit wir heilig und untadelig leben vor ihm.

Epheserbrief 1,3-4

Wenn ein Mensch sich entschließt, nach Gottes Willen zu leben, muss er oft zuerst eigene Pläne opfern. Aber er findet ein größeres Leben, entdeckt neue Aufgaben und Fähigkeiten, weit über das hinaus, was er sich selbst zugetraut hätte. Wie Maria erfährt er: Gott hat mich so geschaffen, dass ich fähig bin, seine Pläne zu erfüllen – und das, wozu er mich beruft, *passt* zu mir.

Ohne den Anruf Gottes würde man wohl nie so weit gelangen. Denn in uns Menschen gibt es eine Spaltung und Spannung zwischen den oberflächlichen Regungen und dem tieferen Wesen, zwischen dem „Ego“ und dem „Selbst“!
Das „Oberflächen-Ich“ ist bequem. Es geht den Weg des geringsten Widerstandes und passt sich an, tut was alle tun. Das „Ego“ will vor allem gut dastehen und sucht die Anerkennung anderer. Davon lebt es, dafür tut es alles, auch gegen das eigene Wesen. So wird ein Mensch nie frei und nie er selbst. Er lässt sich steuern von vordergründigen Strebungen und von den Erwartungen anderer, von Werbung und Mode. Man beobachte sich selbst, wie oft man tatsächlich so lebt!

Der Anruf Gottes durchbricht das. Stets fordert er heraus. Es ist nie bequem zu tun, was Gott will. Meist ist es nicht das, was mein Ego möchte oder was andere von mir erwarten. Ich riskiere es, deren Anerkennung zu verlieren. Doch so finde ich meinen *eigenen* Weg; so werde ich frei.

Wer kennt mich besser als Gott, der mich geschaffen hat? Dass sein Ruf mich frei macht, mich zu meinem wahren Selbst führt, ist meistens erst im Rückblick auf das Leben erkennbar. Es braucht ein Wagnis im Vertrauen. Ich unterwerfe mich nicht dem Willen Gottes – ich vertraue mich Gott an! Das gerade dann, wenn der Weg mir alles abfordert, wenn er „durch Tod und Auferstehung“ geht.

Auch das hat Maria durchlebt. Immer wieder musste sie Jesus loslassen und freigeben, zuletzt am Kreuz in den Tod hinein. Erst in seiner Auferstehung offenbarte sich der Sinn des dunklen Weges. Maria ging ihn in ungebrochenem Vertrauen. So wurde sie, gerade weil ganz hingegeben an Gottes Willen, zum Urbild eines freien Menschen.

Zeit zum Verweilen und Nachdenken

- *Was war mir besonders wichtig – was will ich mir bewahren?*

Anregungen für das Gebet

Ich danke Gott für Maria und erbitte mir von ihm dasselbe Vertrauen, denselben Mut zur Hingabe, dieselbe innere Freiheit, wie sie es vorlebt.

Impuls für den Tag

Wo lasse ich mich vom „Ego“ und seiner Sucht nach Anerkennung steuern? Kann ich dem widerstehen und so mehr Freiheit gewinnen?

- *Habe ich eine eigene Idee für diesen Tag?*

2. WOCHE – 3. TAG (10. DEZEMBER)
„ICH BIN ICH“

Einstimmende Übung zur Sammlung: siehe S. 8-10

Zur Besinnung

Wer bin ich?

„Wer bin ich und wenn ja, wie viele?“, lautet der (offenbar bewusst verwirrend formulierte) Titel eines philosophischen Buches.[8)] Er weist darauf hin: Wer ich selbst bin, ist kaum zu fassen!
Wer bin ich? Ich kann mich selbst beschreiben: meine Gestalt, mein Aussehen, meine Gewohnheiten, meine Eigenschaften, meine Lebensumstände, meine Beziehungen, meine Werte und Ideale, meinen Glauben... Das alles sagt viel über mich – doch: bin das schon „ich selbst“? Ich kann meine Lebensgeschichte erzählen und komme dabei vielem auf die Spur, was mich zu dem geformt hat, der ich heute bin. Ich entdecke die prägenden Erfahrungen, den Einfluss von Erziehung und Schicksal; ich verstehe besser meinen Charakter, meine Neigungen, meine typischen Reaktions- und Verhaltensmuster. So erkenne ich mich selbst besser. Und doch: bin das schon „ich selbst“? Vieles davon hat sich ja im Lauf meines Lebens verändert, oder ich will es noch verändern. Macht es meine „Identität“, mein „Selbstsein“ aus?

Was in mir lebt

Vielleicht hilft der Blick nach *innen* weiter? In mir, in meinem Geist, entdecke ich eine ganze Welt – innen scheint ebenso viel Raum zu sein wie draußen! Da sind meine Gedanken und Gefühle, meine Pläne und Absichten, meine Erinnerungen und inneren Bilder, meine Phantasien... Was für ein Reichtum! Doch wieder: bin das schon „ich selbst“? Ist das „mein Geist“ – oder nicht doch eher ein *Produkt* meines Geistes? Der ist rastlos tätig und bringt diese ganze bunte Vielfalt immer neu hervor. Was aber ist mein Geist selbst?
Dazu muss ich noch tiefer in mich hineinschauen. Hinter der bunten Welt meiner Gedanken, Gefühle, Erinnerungen usw. ist noch etwas: eine geheimnisvolle Mitte. Es ist jener innere Bezugspunkt, von dem aus ich *„ich“* sage. „Ich bin ich!“ Das lässt sich nicht weiter beschreiben. Man kann auch schwer darüber reden. Die Mitte erschließt sich nur dem Blick ins eigene Innere – und dort kann sonst niemand hineinschauen. Es ist mein ureigenes Geheimnis, das mich zu einer individuellen, absolut einzigartigen Person macht.

Aus der Mitte leben

Auf diese innere Mitte hin *erlebe* ich alles, was von außen auf mich zukommt, ebenso das, was (wie etwa meine Gefühle) in mir abläuft. Es ist gut, wenn ich alles in meine Mitte hineinhole, denn nur so verarbeite ich meine Erlebnisse: Sie werden zu „Erfahrungen", ich eigne sie mir an, künftig gehören sie zu mir. Von der Mitte aus beziehe ich Stellung zu allem, entscheide darüber, was ich an mich heranlasse, und wie weit ich mich davon beeinflussen lasse. So ist die innere Mitte zugleich Quelle meiner Freiheit.

Von der Mitte aus *handle* ich. Sie ist die Quelle meines Wirkens, meiner bewussten Absichten. Gut, wenn ich aus meiner Mitte heraus handle, denn dann lasse ich mich nicht treiben von vordergründigen Regungen oder äußeren Einflüssen. *Ich* lebe – ich werde nicht gelebt.

In dieser inneren Mitte kann ich immer wieder verweilen. Dass ich um sie weiß, lässt mich mehr „ich selbst" sein. Je mehr ich von ihr aus lebe, desto mehr komme ich in Einklang mit mir. Fassen kann ich sie nicht, nur im Innern erfahren. Hier ist ein Raum der Freiheit. Er entzieht sich jedem Zugriff, jeder Beobachtung, jeder Berechnung, jeder Manipulation. Freiheit, die man berechnen könnte, wäre ja keine Freiheit mehr. Wie gut, dass das „Selbst" ein Geheimnis bleibt – sogar für mich! Wie gut, dass man die Frage: „wer bin ich?" nicht restlos beantworten kann! Am Ende genügt es, wenn ich – jetzt sehr bewusst – sage: „Ich bin *ich!"*

Zeit zum Verweilen und Nachdenken

- *Was war mir besonders wichtig – was will ich mir bewahren?*

Anregungen für das Gebet

HERR, du hast mich erforscht und kennst mich.
Ob ich sitze oder stehe, du kennst es.
Du durchschaust meine Gedanken von fern.

Psalm 139,1b-2

„Wer ich auch bin, Du kennst mich, Dein bin ich, o Gott" (*Dietrich Bonhoeffer*)! Ich danke Gott, dass ich der bin, der ich bin. So „lässt er mich sein", so ist es gut, so liebt er mich. Das lasse ich mir ins Herz fallen.

Impuls für den Tag

Bewusster aus der „inneren Mitte" leben.

- *Habe ich eine eigene Idee für diesen Tag?*

2. WOCHE – 4. TAG (11. DEZEMBER)
SAG JA ZU DIR SELBST!

Einstimmende Übung zur Sammlung: siehe S. 8-10

Zur Besinnung

Schwierige Selbstannahme

Sich selbst anzunehmen, so meinen Psychologen, sei eine Voraussetzung für seelische Gesundheit. Das sagt sich leicht, und fällt doch vielen entsetzlich schwer. Jeder entdeckt Schwächen und Schattenseiten an sich. Man vergleicht sich mit anderen und stellt fest, wie schlecht man dabei abschneidet. Man soll Normen der Gesellschaft genügen, man unterliegt Erwartungen anderer; oft verinnerlicht man sie, auch gegen das eigene Wesen. Manchen wurde von Kindheit an die „Negativbotschaft" eingeimpft: „Du bist nicht in Ordnung! Ändere dich, bessere dich, sonst akzeptieren wir dich nicht!" Oft hackt die Religion in dieselbe Kerbe: „Du bist ein Sünder! Bekehre dich, ändere dich, sonst lehnt Gott dich ab!"

Selbstbesinnung

Was finde ich denn *Positives* an mir? Sicher habe auch ich meine Stärken und guten Eigenschaften. Bin ich dafür schon anerkannt worden? Manches ist mir gut gelungen; darauf darf ich stolz sein. Ich wecke Sympathie in anderen; sie mögen mich, vielleicht lieben sie mich sogar. ...

Es wird doch leicht sein, zu all diesem Positiven „ja" zu sagen! Ein Stück weit kann ich mich also schon annehmen. Würde es sich nicht lohnen, genau dieses Positive auszubauen und weiter zu entfalten?

Natürlich gibt es auch das andere, das ich nicht an mir mag: Ich bin nicht so tüchtig oder erfolgreich, wie ich gern wäre, nicht so geschickt oder intelligent, nicht so sportlich oder attraktiv, sehe nicht so gut aus... Einiges mache ich falsch, und schäme mich meiner selbst. Vielleicht wäre ich ja manchmal gern so, wie andere mich haben wollen. So werde ich uneins mit mir. Doch es gehört zur menschlichen Reifung, auch die eigenen Fehler und Unvollkommenheiten anzunehmen!

Gottes „Ja"

Einen gibt es, der von Anfang an und bedingungslos „ja" zu mir sagt: *Gott.* Da wäre nun eine Korrektur gängiger religiöser Denkmuster fällig: Der Ruf zur

Umkehr ist nicht die *erste* Botschaft! In seinem Umgang mit Menschen und in vielen seiner Gleichnisse zeigt uns Jesus, dass Gott jeden Menschen bedingungslos liebt und nicht einmal den „Sünder" fallen lässt. Diese „gute Nachricht" wandelt Menschen um – nicht die Kritik; die blockiert sie eher. Am Anfang steht ein großes Ja.

Das lasse ich mir ins Herz fallen: Gott liebt mich nicht wegen meiner guten Eigenschaften, meiner Leistungen oder meiner Heiligkeit, sondern einfach, weil ich sein Kind bin. Wie er mich geschaffen hat, genau so bejaht er mich: mit meinen Stärken, Schwächen und Fehlern, meinen Begabungen und Grenzen, meinem Aussehen... Vor allem bejaht er mich *als Person.* Ich bin unendlich wertvoll für ihn.

Das schafft eine große Freiheit. Es nimmt den Druck weg, der leider gerade Gläubige oft belastet. Zuerst darf ich der sein, der ich bin – genau so nimmt Gott mich an. So kann ich Erwartungen widerstehen, wenn sie gegen mein Wesen laufen. Ich schüttle die „Negativbotschaft" ab: Nein, ich bin nicht erst in Ordnung, wenn ich mich ändere oder gewissen Normen genüge. Ich bin in Ordnung so, wie ich bin.

Erstaunliches kann dann geschehen: Gerade in dieser Freiheit der Liebe und des Angenommenseins beginnen meine besten Kräfte von innen heraus zu wachsen, ohne Zwang oder Druck. Gottes Ja wandelt den Menschen, ohne ihn zu verbiegen!

> *Ist Gott für uns, wer ist dann gegen uns? Er hat seinen eigenen Sohn nicht verschont, sondern ihn für uns alle hingegeben – wie sollte er uns mit ihm nicht alles schenken?*
>
> Römerbrief 8,31-32

Zeit zum Verweilen und Nachdenken

- *Was war mir besonders wichtig – was will ich mir bewahren?*

Anregungen für das Gebet

Aus Gottes Hand nehme ich mich an – gerade auch das, was zu bejahen mir schwer fällt. Ich danke ihm für meine einmalige Persönlichkeit.

Impuls für den Tag

Wo bin ich uneins mit mir selbst? Wo lasse ich mich unter Erwartungsdruck setzen? Ich darf dem widerstehen! Ich darf so sein, wie ich bin!

- *Habe ich eine eigene Idee für diesen Tag?*

2. WOCHE – 5. TAG (12. DEZEMBER)
ENTDECKE DEINE GABEN!

Einstimmende Übung zur Sammlung: siehe S. 8-10

Zur Besinnung

Stärken entfalten

Viel Energie verwenden wir darauf, unsere Fehler und Schwächen zu bekämpfen. Wäre es nicht sinnvoller, die eigenen *Stärken* zu entdecken und zu nutzen?
Wie *entdecke* ich meine Begabungen? Indem ich nachforsche, was ich besonders gut kann oder was mir meistens gut gelingt. Manchmal sehen andere klarer als ich selbst. Hat jemand mir schon gesagt: „Das kannst du wirklich gut, da hast du eine Gabe"?
Habe ich z.B. musikalische oder künstlerische Fähigkeiten? Bin ich handwerklich geschickt? Kann ich gut organisieren? Kann ich mit Menschen umgehen, schnell Kontakte knüpfen, einfühlsam zuhören, andere durch schwierige Zeiten begleiten? Ergreife ich leicht Initiative; fällt mir oft die Führungsrolle zu? Berührt mich die Not der Armen, der Kranken, der Unterdrückten? Kann ich gut etwas erklären? Treffe ich den richtigen Ton, um mit Suchenden über den Glauben ins Gespräch zu kommen? ... Ich muss nicht *alles* können, sondern genau *meine* Gaben herausfinden!
Wie *entfalte* ich meine Begabungen? Indem ich sie einsetze! Eine brachliegende Gabe nützt weder mir noch anderen. Es kann recht anstrengend sein, die eigenen Begabungen aktiv zu entfalten; ich muss meine Bequemlichkeit überwinden. Doch meist bringt es einige Erfolgserlebnisse. Es ist mit Freude und Erfüllung verbunden. So verwirkliche ich mich selbst.
Manches werde ich erst entdecken, wenn ich mich *fordern* lasse: Eine Aufgabe kommt auf mich zu, aber ich fühle mich ihr kaum gewachsen. Trotzdem spüre ich: Hier bin *ich* gefragt. Ich lasse mich darauf ein – und sehe, dass es besser geht als gedacht! Erst jetzt weiß ich, was wirklich in mir steckt. Ich wachse über mich hinaus.

„Charismen"

Viel ist im Neuen Testament von den Gnadengaben des Heiligen Geistes, den „Charismen" die Rede. Meine Begabungen können also eine *geistliche Tiefe* bekommen: dann nämlich, wenn ich mich von *Gott* in Anspruch nehmen lasse und meine Stärken für das einsetze, wozu er mich ruft. Das „Gebot der Stunde“ ist oft ein Hinweis darauf. Manchmal entsteht eine innere Gewissheit: dies und das *muss* ich einfach tun, es ist Gottes Wille. Gabe, Ruf und Dienstbereitschaft machen ein „Charisma“ aus.

Miteinander – füreinander

Dient einander als gute Verwalter der vielfältigen Gnade Gottes, jeder mit der Gabe, die er empfangen hat.

1. Petrusbrief 4,10

Niemand kann alles. Zu Konkurrenz oder gar Neid besteht jedoch kein Anlass. Das Evangelium verrät ein oft vergessenes Erfolgsgeheimnis: einander zu *dienen.* Das steht heute nicht unbedingt hoch im Kurs. Es braucht Mut dazu – *„Demut“* = „Dien-Mut“! Ich biete meine Fähigkeiten an – und zwar in der Weise, dass ich damit nicht selber gut dastehen, sondern anderen nützen will. Zugleich lege ich meine Grenzen offen: das, was ich nicht oder nicht so gut kann; ich zeige, dass ich die anderen *brauche.* Wo Menschen einander dienen, vervielfältigen sich die Kräfte. Es gibt keine Reibungsverluste durch Neid, Eifersucht, Intrigen, Rivalität usw. Es gibt keine Sieger und Besiegte – *alle* können gewinnen.

Ich erfahre: „Selbstverwirklichung“ gelingt nie im Alleingang. Ich brauche die anderen, die anderen brauchen mich; wir *beschenken* uns gegenseitig. Je besser die Beziehungen sind, je mehr Vertrauen wächst, desto mehr kommt jeder Einzelne heraus mit dem, was er wirklich ist. Er braucht nichts vorzuspielen und sich nicht aufzuspielen. Im Miteinander und Füreinander entfalten wir unser Menschsein, gelangen wir zur Reife.

Zeit zum Verweilen und Nachdenken

- *Was war mir besonders wichtig – was will ich mir bewahren?*

Anregungen für das Gebet

Ich danke Gott für alle Begabungen, die er mir geschenkt hat.
Ich bitte um den „Mut zum Dienen“ und um die Kraft, mich auf Herausforderungen einzulassen.

Impuls für den Tag

Wo bin ich gefordert, meine Gaben für andere einzusetzen? Da entfalte ich meine Stärken.

- *Habe ich eine eigene Idee für diesen Tag?*

2. WOCHE – 6. TAG (13. DEZEMBER)
PRÄGUNG UND FREIHEIT

Einstimmende Übung zur Sammlung: siehe S. 8-10

Zur Besinnung

Was hat mich geformt?

An einem Kurs teilzunehmen, bei dem man die eigene Lebensgeschichte überdenkt, ist eine faszinierende Erfahrung: Nach und nach verstehe ich, wie ich zu dem geworden bin, der ich bin. Vieles hat mich geprägt. Am stärksten graben sich Einflüsse aus Kindheit und Elternhaus ein. Sie stecken tief im Unbewussten und wirken, ohne dass ich es merke. Doch sie sind kein unveränderliches Schicksal!
Wie haben meine Eltern mich erzogen? Wie gingen sie mit mir als Kind um? Was lebten sie mir vor? Als Kind übernimmt man die „Lebensphilosophie" der Eltern; man kennt ja keine andere. Sind mir da bestimmte „Sprüche" in Erinnerung? Vielleicht lebe ich immer noch danach. Aber es geht auch anders!
Auch Schule und Freundeskreis prägen, ebenso die Erfahrungen der Pubertät. Wie ging es mir z.B. in der Schule? War ich ein guter oder schlechter Schüler? Welche „Botschaften" erhielt ich von Lehrern (z.B. „aus dir wird nie etwas werden...")? Welche Rolle spielte ich in der Klasse? Gehörte ich dazu, oder war ich ein Außenseiter? War ich angepasst oder eher ein Rebell? Wie gestalteten sich meine Freundschaften, meine ersten Liebesbegegnungen? Manche „Rollen" spiele ich vielleicht noch heute...
Ich entdecke aber auch die Kraftquellen, aus denen ich mein Leben aufgebaut und trotz vieler Widrigkeiten bewältigt habe: meine Begabungen und Fähigkeiten; Geduld und Beharrlichkeit im Verfolgen von Zielen, Mut immer neu zu beginnen, Optimismus...; das „Auftanken" in der Stille, in der Natur, durch Musik...; die guten menschlichen Beziehungen; meine moralischen Grundsätze; das, woran ich glaube... – Woraus lebe ich? Was trägt mich? Aus solchen Kraftquellen zu schöpfen, ja sie zu vertiefen und weiter zu entfalten, lässt mich wachsen!

Schritte zur Freiheit

Ich gebe euch ein neues Herz, und einen neuen Geist gebe ich in euer Inneres.

Ezechiel 36,26

Wie frei sind wir Menschen überhaupt? So lange ich einfach dahinlebe, bleibe ich meist in eingefahrenen Verhaltensmustern gefangen. Erst indem ich dazu Stellung beziehe, erobere ich meine Freiheit! Ja, Freiheit besteht wohl großenteils darin, dass ich mich immer neu mit meinen Prägungen auseinandersetze und lerne, eigene, überlegte Entscheidungen zu treffen. Dabei muss ich mich nicht gegen alles wehren. Vieles prägt mich positiv, eröffnet Chancen; ich kann es bejahen. Befreien muss ich mich von all dem, was mich einengt, was Angst macht, was Aggression, Depression oder andere zerstörerische Gefühle weckt. Kann ich wahrnehmen lernen, was in mir vorgeht: ob ich jetzt unfrei, vom Unbewussten gesteuert, oder frei und selbständig bin?
Sich selber besser kennen und durchschauen zu lernen ist erst der Anfang. Veränderungen fallen schwer. Die einfühlsame Begleitung durch eine Vertrauensperson hilft da viel. Nur in Problemen und Belastungen zu wühlen führt allerdings kaum weiter. Mehr bewirkt es, die Quellen ausfindig zu machen, aus denen heraus ich wachsen kann.
Eine ungewöhnliche Besinnung: Ich frage nicht nach dem, was ich ändern will, sondern nach dem, was in meinem Leben gut läuft. Was baut mich auf? Was gelingt mir? Was will ich beibehalten? Wo liegen meine Stärken, wo die positiven Erfahrungen, die mich tragen? Wenn ich dies fördere, ändert sich manches andere fast von selbst!
Am tiefsten geht es, wenn ich meine Prägungen – gerade die, unter denen ich leide – im Gebet vor Gott ausbreite. Ohne etwas zu beurteilen sage ich ihm, wie ich mich erlebe und was in mir vorgeht. Ich erzähle von den belastenden Erinnerungen und den damit verbundenen Gefühlen. Dann lasse ich alles los und gebe es an ihn weg. *Er* schafft mich neu. Nach und nach erfahre ich so, wie ich mit meinem Leben ausgesöhnt werde und mich freier fühle. Ein „neues Herz“ wächst in mir.

Zeit zum Verweilen und Nachdenken

- *Was war mir besonders wichtig – was will ich mir bewahren?*

Anregungen für das Gebet

Ich bete (möglichst konkret) um innere Heilung und Befreiung aus den Fesseln meiner Lebensgeschichte – und um Wachstum in dem, was mich trägt.

Impuls für den Tag

Sensibel werden für die „inneren Gefängnisse“, und mich aus ihnen befreien.

- *Habe ich eine eigene Idee für diesen Tag?*

2. WOCHE – 7. TAG (14. DEZEMBER)
INNEHALTEN AUF DEM WEG

Einstimmende Übung zur Sammlung: siehe S. 8-10

Ich rufe mir die Leitgedanken der Besinnungen in Erinnerung:

1. Tag: Der wilde Prophet. *Umkehr und Suche nach dem wahren Wesen.*
2. Tag: Zu einem größeren Leben berufen.
   Maria als Modell der Selbstfindung durch den Ruf Gottes.
3. Tag: „Ich bin ich!" *Das innerste Selbst erfahren.*
4. Tag: Sag ja zu dir selbst! *Sich selbst annehmen.*
5. Tag: Entdecke deine Gaben! *Die eigenen Stärken entfalten.*
6. Tag: Prägung und Freiheit. *Aussöhnung mit der Lebensgeschichte.*

Ich denke nach:

- Was hat mich besonders angesprochen oder berührt?
- Ist mir eine besondere Erfahrung zuteil geworden?
- Hat sich etwas in meinem Leben verändert?
- Habe ich mich besser kennen und verstehen gelernt? Konnte ich mehr zum Einklang mit mir selbst gelangen?
- Was möchte ich mir bewahren?

Zeit zum Verweilen und Nachdenken

Anregungen für das Gebet

- Ich *danke* Gott für gute Erfahrungen, neue Einsichten, inneres Wachstum, positive Veränderungen in meinem Verhalten...
- Ich *übergebe* Gott alles, was unbefriedigend verlaufen ist. Im Vertrauen auf seine Vergebung darf ich es loslassen.
- Was belastet und beunruhigt mich noch? Ich bete um mehr innere Freiheit und um Wachstum aus meinen Quellen heraus.
- Ich *bitte* Gott um Segen für alles, was ich mir vorgenommen habe.
- Vielleicht will ich noch in weiteren persönlichen Anliegen beten.

Impuls für den Tag

Was war das Wichtigste, das ich in dieser Woche entdeckt habe? Das vertiefe ich heute noch einmal.

3. WOCHE:

ZU GOTT FINDEN

Einstimmendes Schriftwort

(Paulus sagte auf dem Areopag in Athen:)
Der Gott, der die Welt erschaffen hat und alles in ihr, er, der Herr über Himmel und Erde, wohnt nicht in Tempeln, die von Menschenhand gemacht sind. Er lässt sich auch nicht von Menschenhänden dienen, als ob er etwas brauche, er, der allen das Leben, den Atem und alles gibt. Er hat aus einem einzigen Menschen das ganze Menschengeschlecht erschaffen, damit es die ganze Erde bewohne. Er hat für sie bestimmte Zeiten und die Grenzen ihrer Wohnsitze festgesetzt. Sie sollten Gott suchen, ob sie ihn ertasten und finden könnten, denn keinem von uns ist er fern. Denn in ihm leben wir, bewegen wir uns und sind wir, wie auch einige von euren Dichtern gesagt haben: Wir sind von seinem Geschlecht.

Apostelgeschichte 17,24-28

3. WOCHE – 1. TAG
(3. ADVENTSSONNTAG / 15. DEZEMBER)
NEHMEN WIR GOTT ERNST GENUG?

Einstimmende Übung zur Sammlung: siehe S. 8-10

Zur Besinnung

„Wohlfühl-Religion"?

„All das Elend in der Welt, die verhungernden Kinder, Kriege und Bürgerkriege, Zerstörung der Natur – das macht mich ganz krank. Und ich fühle mich so ohnmächtig dagegen. Das bereitet mir buchstäblich Bauchschmerzen!"
Wenn jemand sich so äußert – wie reagieren wir? Wahrscheinlich würden wir ihn beschwichtigen: Er sei ja nicht für alles verantwortlich; wir kleinen Leute könnten ohnehin nicht viel tun; keinem ginge es doch besser, wenn es ihm schlecht geht... Bestenfalls würden wir mit ihm nach Möglichkeiten suchen, wenigstens ein bisschen etwas zu unternehmen. Doch – geht es hier nicht um etwas viel Tieferes? Ein Mensch nimmt sich das Elend der Welt wahrhaft zu Herzen; er lässt es an sich heran. Soll man ihm das ausreden? Teilt er nicht vielmehr damit das ohnmächtige Leiden von Jesus am Kreuz: das Leiden Gottes an der Welt und mit der Welt?
Leider hat man den Eindruck, dass die „bürgerliche Religion" unserer Zeit eine Art „Wohlfühl-Religiosität" ist: Soweit man sich überhaupt für Religion interessiert, soll sie ein gutes Gefühl vermitteln und möglichst bestätigen, dass man schon so in Ordnung ist, wie man eben ist. Fordern darf sie nicht viel.
In der kirchlichen Verkündigung betont man die Güte und Barmherzigkeit Gottes. Er will, dass unser Leben heil wird und gut gelingt. Verweist nicht Jesus selbst auf sein „Heilswirken", als die Jünger von Johannes dem Täufer ihn fragen, ob er der erwartete Retter sei (vgl. Matthäus-Evangelium 11,2-5)? Steht nicht am Anfang stets das *Geschenk* der Liebe Gottes? Das ist richtig – und ist doch nicht alles. Denn leicht wird darüber vergessen: Gerade in seiner Zuwendung zu uns will Gott auch absolut ernst genommen werden. Er lässt uns nicht, wie wir sind. Er fordert uns heraus.

Beunruhigende Fragen an mich selbst

Was habt ihr denn sehen wollen, als ihr in die Wüste hinausgegangen seid? Ein Schilfrohr, das im Wind schwankt?
Matthäus-Evangelium 11,7b

Für diese ernste Seite Gottes steht *Johannes der Täufer:* Er ruft zur Umkehr, und das mit ziemlich harten und provozierenden Tönen. Jesus wirkt da anders: Er droht nicht, sondern motiviert zur Umkehr, indem er Menschen deutlich macht, dass Gott sie nicht hat fallen lassen. Sein Appell zur Umkehr ist jedoch derselbe, und nie widerspricht er Johannes! Sein Ruf zur Nachfolge klingt sogar radikaler als alles, was Johannes fordert.

Das, was Gott verheißt: inneren Frieden, geheiltes Leben, Versöhnung, Sinn, gar Leben über den Tod hinaus – das gibt es eben nicht zum Nulltarif. Es braucht dafür Entscheidungen, Ernsthaftigkeit, Treue, Bereitschaft zu einschneidender Veränderung, manchmal zu Konflikten.

Habe ich mich schon einmal redlich der Frage gestellt, warum ich für mein Leben nie so radikale Konsequenzen gezogen habe wie etwa Albert Schweitzer, Martin Luther King oder Mutter Teresa...? Ich halte jetzt diese Frage nicht von mir fern mit dem Argument, dass dies doch Ausnahmepersönlichkeiten sind und kein Maßstab für alle. Viele sind ihnen ja doch gefolgt... Ich lasse „die Traurigkeit, nicht heilig zu sein“ an mich heran.[9)] Vielleicht begreife ich so, dass auch ich ein „Sünder“ bin und der Umkehr bedarf, obwohl ich nie viel Böses getan habe. „Sünder“ nicht im moralischen Sinn, sondern weil ich wohl doch so manchen Ruf Gottes überhört oder von mir fern gehalten habe, und lieber im Gewohnten geblieben bin. Habe ich am Ende mich selbst verfehlt?

Solche Fragen dürfen mich beunruhigen, ja mich sogar ratlos dastehen lassen. So mögen sie mich aufbrechen dafür, den Ruf, den Gott vielleicht *jetzt wieder* an mich richtet, ernst zu nehmen. Ist nicht der Advent genau die richtige Zeit, endlich einiges zu ändern oder neu zu beginnen, was mir längst klar ist? Wenn ich es jetzt tue, und es nachhaltig bleibt, habe ich auf den Umkehr-Ruf von Johannes und Jesus doch noch reagiert!

Zeit zum Verweilen und Nachdenken

- *Was war mir besonders wichtig – was will ich mir bewahren?*

Anregungen für das Gebet

Ernsthaft und mit der Bereitschaft, mich herausfordern zu lassen, frage ich Gott, zu was er mich in dieser Adventszeit rufen will. Ich bitte um die Kraft, es entschlossen anzupacken.

Impuls für den Tag

Was will ich heute so anders angehen, dass es einen Unterschied macht?

- *Habe ich eine eigene Idee für diesen Tag?*

3. Woche – 2. Tag (16. Dezember)
Wer ist das denn – „Gott“?

Einstimmende Übung zur Sammlung:** **siehe S. 8-10

Zur Besinnung

„Was ist eigentlich Wasser?“

Schwimmen zwei junge Fische des Weges und treffen zufällig einen älteren Fisch. Der nickt ihnen zu und sagt: „Hallo, Jungs! Wie ist das Wasser?“ Die zwei schwimmen weiter. Schließlich wirft der eine dem andern einen Blick zu und fragt: „Was zum Teufel ist denn Wasser?“ [10)]

Mit dieser Anekdote weist der Schriftsteller *David Foster Wallace* darauf hin, dass wir das, was uns allzu selbstverständlich ist, oft gar nicht wahrnehmen und nicht kennen. Gerade darüber lohne es sich jedoch nachzudenken.

Könnte es sein, dass es vielen mit *Gott* ebenso geht? „Wer ist das eigentlich – Gott?“, fragt mancher; das Wort „Gott“ scheint keinen Inhalt mehr zu haben. Dabei müsste doch Gott, wenn es ihn wirklich gibt, die grundlegendste Realität überhaupt sein: jene Macht, die uns da sein lässt; noch elementarer für uns als die Luft zum Atmen – oder das Wasser für den Fisch. Genau darum aber so schlecht wahrzunehmen! Suchen wir dem Wort „Gott“ über eine meditative Besinnung Inhalt zu geben.

Meditation des Da-Seins

Was erscheint uns am selbstverständlichsten? Dass es uns gibt, dass wir da sind. Worüber denken wir am wenigsten nach? Über unser eigenes Dasein – eben weil es uns so selbstverständlich ist!

Ich sammle mich und wende mich nach innen. Ich erspüre mein Dasein, meine Lebendigkeit: Ich lebe, ich existiere – das ist *wirklich.*

Warum bin ich da? Ich könnte ja auch nicht existieren. Nichts auf dieser Welt besteht aus innerer Notwendigkeit – alles entsteht und vergeht wieder, könnte ebenso gut gar nicht da sein. Dann würde man es nicht einmal vermissen.

Warum gibt es dann überhaupt etwas und nicht einfach nichts? Unversehens gerate ich vor einen bodenlosen Abgrund. Es könnte auch gar nichts da sein... Und doch existiert diese Welt, ein riesiges Universum, mit all ihrer Vielfalt.

„Es gibt mich." Wer „gibt" mich? Unsere Sprache weiß darum: Mein Dasein gebe ich mir nicht selbst. Bevor ich irgendetwas tun oder leisten konnte, war ich schon da. Es ist mir „gegeben" – und darum „gibt es mich"! Ich *empfange* mein Dasein – doch von woher?
Da ahne ich ein Geheimnis: Muss hinter allem, was da ist, nicht eine tiefere Macht stehen, die *bewirkt*, dass wir da sind? Eine Macht – ganz anderer Art als alles, was wir kennen, ungreifbar darum für die Wissenschaften (die alles *in* der Welt erforschen, nicht aber deren Daseinsgrund), und doch wirklicher als alles! Eine Wirklichkeit, die die Fülle des Lebens, des Seins selbst ist.
Die Zeit vergeht – ich bin immer noch da. Ich habe nichts dafür getan. Augenblick für Augenblick fließt mir mein Dasein zu, als Geschenk, aus jener geheimnisvollen Quelle heraus. Der „Urgrund des Seins" *will*, dass ich da bin, er bejaht mich. Fast möchte ich sagen: Er liebt mich!
Diese „Macht des Seins", dieser „Urgrund allen Lebens", den ich hier erahne – ist es derjenige, den die Religionen *„Gott"* nennen? Alles, was lebt und existiert, ist gleichsam mit seiner Macht „aufgeladen" – sonst könnte es gar nicht da sein. Nichts, auch nicht ich selbst, ist ohne ihn. Das Dasein ist der elementare „göttliche Funke" in allem, das Wirken des schöpferischen Urgrundes.
Indem ich mich ins Geheimnis meines Daseins vertiefe, komme ich Gott nahe, und das Wort „Gott" bekommt eine Bedeutung. Dies nicht in erster Linie als philosophische Erkenntnis, sondern als meditative Erfahrung.

In ihm leben wir, bewegen wir uns und sind wir.

Apostelgeschichte 17,28

Zeit zum Verweilen und Nachdenken

➢ *Was war mir besonders wichtig – was will ich mir bewahren?*

Anregungen für das Gebet

Weckt die Meditation des schöpferischen Urgrundes *Dankbarkeit* in mir? Ich danke Gott für die Gabe meines Daseins.
Weckt sie *Ehrfurcht?* Ich verehre Gott und bete ihn an.

Impuls für den Tag

Gott ist mir nie fern. In jedem Augenblick hält er mich im Dasein. Erinnere ich mich gelegentlich daran?

➢ *Habe ich eine eigene Idee für diesen Tag?*

3. WOCHE – 3. TAG (17. DEZEMBER)
GOTT IN DER STILLE SUCHEN

Einstimmende Übung zur Sammlung: siehe S. 8-10

Zur Besinnung

Mystik?

Was stellen Sie sich unter einem Mystiker vor? Jemanden, der außergewöhnliche religiöse Erlebnisse hat, Visionen, prophetische Eingebungen...? Viele Mystiker hatten das, aber längst nicht alle, und für die, die solches erlebten, war es nicht das Wesentliche. Der wahre Mystiker zeichnet sich dadurch aus, dass er Gott im eigenen Innern, in der Tiefe der Seele sucht, und ihm durch Schweigen nahe kommt. Dieser Weg zu Gott ist in vielen Religionen entdeckt worden.

Im Innersten des Menschen, in seiner Herzenstiefe, seinem „Seelengrund", gibt es so etwas wie eine „Tür" zu Gott (nur in Bildern kann man davon sprechen). Diese Tür können wir nicht öffnen. Sie kann nur „von der anderen Seite her" aufgehen. Von sich aus muss Gott sich „offenbaren". Nie kann der Mensch die Begegnung mit ihm erzwingen, auch durch keine meditative Technik oder Methode; er kann sie immer nur als Geschenk empfangen. Durch Schweigen und innere Stille machen wir uns empfänglich dafür: Ich setze mich gleichsam vor die „innere Tür" und warte, in geduldiger Bereitschaft, ob sie aufgeht. Das lässt sich einüben – insofern kann jeder, der sich darum müht, ein wenig zum „Mystiker" werden.

Eine Übung

Du aber, wenn du betest, geh in deine Kammer, schließ die Tür zu; dann bete zu deinem Vater, der im Verborgenen ist.
Matthäus-Evangelium 6,6

Ich suche die innere Sammlung. Langsam kommen die Gedanken zur Ruhe. Wie Wolken, die der Wind vorbeitreibt, lasse ich sie vorüberziehen, ohne mich von ihnen gefangen nehmen zu lassen. Langsam wird es still in mir. Ich sammle mich in meiner „inneren Mitte", hinter der Welt der Worte und Gedanken. Ich verweile in der Stille, und bleibe ganz bei mir selbst.

Ich bin da.

Dann mache ich mir bewusst: In der Tiefe meiner Seele bin ich nie allein. Gott ist immer da. Er ist der tragende Grund meines Daseins, die Quelle meines Lebens. In Stille und Sammlung bin ich ganz bei mir, und zugleich über mich hinaus, offen für die umgreifende Wirklichkeit Gottes. Vielleicht wird mir sogar eine Erfahrung seiner Gegenwart geschenkt. Manchmal fühle ich mich – wie in einen Mantel – eingehüllt in seine Liebe.

Er ist da.

Der da ist, ist *jemand:* die Person des lebendigen Gottes. Er will Liebe schenken und Beziehung zu mir aufnehmen. Menschen, die einander sehr lieben, können ohne Worte beisammen sein und in schweigendem Einverständnis miteinander eins werden. Ebenso kann es mir in der Stille geschenkt werden, dass ich ganz in einen Einklang der Liebe mit Gott gelange. Im Innersten gesammelt, spürt meine Seele, dass sie ihren Schöpfer liebt, und weiß sich von ihm geliebt.

Du bist da.

Nun bin ich gleichsam zur Quelle gelangt. Ich verweile in einer Haltung der Empfänglichkeit. Auch ohne dass ich viel spüren muss, vollbringt Gott leise das Werk seiner Gnade an mir. Er schenkt Frieden, innere Freiheit, Kraft zur Liebe. Er wandelt mein Herz.

Zeit zum Verweilen und Nachdenken

- *Was war mir besonders wichtig – was will ich mir bewahren?*

Anregungen für das Gebet

Ich verweile in der Stille und lasse geschehen, was mir jetzt geschenkt werden soll. Vielleicht hilft mir dabei das folgende Gebet:
Lebendiger Gott, du Seele meiner Seele. Ich öffne dir mein Herz. Erfülle es mit deiner Gegenwart, deiner Liebe. Wohne du in der Tiefe meiner Seele. Erlöse mich; heilige mich; ziehe mich an dich; forme mich nach deinem Bild.

Impuls für den Tag

Wirkt die Erfahrung der Stille und der Versenkung in Gott weiter in den Alltag hinein? Ich spüre dem heute nach.

- *Habe ich eine eigene Idee für diesen Tag?*

3. WOCHE – 4. TAG (18. DEZEMBER)
GOTT IN ALLEN DINGEN FINDEN

Einstimmende Übung zur Sammlung: siehe S. 8-10

Zur Besinnung

Ignatius von Loyola wollte „Gott in allen Dingen finden", inmitten der Erfahrungen des Lebens. Niemand kann Gott sehen oder direkt fassen. Doch vieles zeigt seine Spuren. Finde ich mich in einigen der folgenden Lebenserfahrungen wieder?

Gottes Spuren in der Natur

Für viele ist die Natur eine Quelle der Ruhe, der Freude und der inneren Erneuerung. Ein stiller See, eine großartige Landschaft, die Weite des Meeres... – selbst jetzt im Winter zeigt die Natur eine eigene Schönheit. Kann ich darin eine Spur ihres Schöpfers erkennen? Mancher fühlt sich spontan Gott näher, sobald er sich in der Natur aufhält.

Ein Blick in den nächtlichen Sternenhimmel eröffnet unendliche Weiten. Das Licht, das wir sehen, ist oft seit Hunderten, manchmal Millionen von Jahren unterwegs, bis es unsere Augen erreicht. Kann man da anders als *staunen?*

Das gilt noch mehr, wenn wir auf die Geheimnisse des Lebens schauen. Gerade die moderne Wissenschaft öffnet uns die Augen dafür: In jeder lebenden Zelle laufen Prozesse ab, komplizierter als eine ganze Chemiefabrik. Wie das funktioniert und wie es entstanden ist, verstehen wir erst ansatzweise. Weckt es in mir eine Ehrfurcht vor dem, der dies alles erdacht und geplant hat?

Mit Liebe beschenkt

Was wäre ich ohne Liebe? Meine Eltern haben mich angenommen und geliebt, so wie ich bin – obwohl ich ihnen sicher oft auf die Nerven ging und vielleicht ein schwieriges Kind war. Meine Freunde stehen zu mir, nicht nur weil ich ihnen nütze, sondern weil ich *als Person* ihnen wertvoll geworden bin. Mancher blieb mir treu, obwohl ich ihn enttäuscht hatte.

Ein besonderes Geschenk ist die Liebe meines Ehepartners. Hätte es nicht andere geben können? Und doch haben genau wir beide zusammengefunden und uns lieben gelernt, sind miteinander glücklich geworden, haben Krisen gemeinsam bewältigt. Manchmal hat mir mein Partner verziehen, obwohl ich so ein Ekel gewesen war. Wo ich mir selber unannehmbar geworden war, wurde mir die Liebe neu geschenkt.

Alles besiegt die Liebe! Ist sie nicht eine Spur Gottes? Was treibt uns Menschen, einen anderen Menschen mehr als unser eigenes Leben zu lieben? „Gott – das ist, dass wir lieben können. Es ist die Kraft der Liebe in uns" (*Dorothee Sölle*).

> *Die Liebe ist aus Gott, und jeder, der liebt, stammt von Gott und erkennt Gott. Wer nicht liebt, hat Gott nicht erkannt; denn Gott ist Liebe.*
>
> 1. Johannesbrief 4,7-8

Erfahrung von Gnade

Der Blick in die eigene Lebensgeschichte mag Erstaunliches offenbaren: Hat sich nicht vieles zusammengefügt, damit ich der Mensch werden konnte, der ich bin? Selbst an Widerständen und Schicksalsschlägen bin ich gewachsen. Manche Entscheidung habe ich wie unter einer Eingebung getroffen, und sie erwies sich als richtig. Vor manchem Fehler blieb ich bewahrt, und weiß gar nicht wie. Es ist, als hätte mich jemand, sacht und ohne Zwang, bei der Hand genommen und geleitet. Kann ich darin eine Führung *Gottes* erkennen?
Vielleicht habe ich sie am deutlichsten in Tiefpunkten meines Lebens gespürt: da, wo ich an mir selbst verzweifelte, weil ich gescheitert war, Schuld auf mich geladen hatte, eine Beziehung zerbrach... Nichts und niemand konnte mich trösten. Dann, mitten aus der tiefsten Verzweiflung, wurde mir eine unerklärliche Gewissheit geschenkt: Trotz Scheitern und Schuld bin ich bejaht und geliebt; jemand ist da, der mich gerade jetzt hält. Aus geheimnisvoller Quelle flossen mir wieder Lebensmut und Zuversicht zu. Gottes „Gnade", seine Zuwendung zu uns, ohne dass wir sie irgendwie verdient hätten – kann man sie nachdrücklicher erfahren?

Zeit zum Verweilen und Nachdenken

- *Was war mir besonders wichtig – was will ich mir bewahren?*

Anregungen für das Gebet

Ich konzentriere mich auf diejenigen Lebenserfahrungen, an die mich die Besinnung erinnert hat. Da hinein vertiefe ich mich, und spüre den „Spuren Gottes" nach. Ich lasse mich neu beschenken.

Impuls für den Tag

Entdecke ich heute eine Spur Gottes „zwischen den Zeilen" meines Alltags?

- *Habe ich eine eigene Idee für diesen Tag?*

3. WOCHE – 5. TAG (19. DEZEMBER)
FARBEN DES LEBENS

Einstimmende Übung zur Sammlung: siehe S. 8-10

Zur Besinnung

„Mit Gott kommt Farbe ins Leben!"

Eine Tasse mit dieser Aufschrift, verziert mit einem Regenbogen, bekam ich einmal geschenkt. Ist es nicht wirklich so?
Für einen strikten Materialisten wird die Welt ausschließlich von physikalischen und biologischen Gesetzen regiert. So etwas wie Schönheit, Sinn, Phantasie oder Liebe hat da keinen Platz, oder es wird gleichfalls auf Formeln reduziert. Eine solche Welt ist kalt und „farblos".
Doch man versetze sich einfach in eine Frühlingslandschaft hinein: blühende Bäume, summende Bienen, zwitschernde Vögel, sprossendes Grün..., und dazu unsere eigenen „Frühlingsgefühle" – ist das alles nur Physik oder Biologie? Dabei ist die wissenschaftlich-nüchterne Betrachtungsweise nicht einmal falsch. Bloß: es fehlt ihr die „Farbe"! Erst wenn man Schönheit und Staunen zulässt, wird die Wirklichkeit farbig. Für den Glaubenden ist sie Spiegel der Herrlichkeit Gottes und Geschenk seiner Liebe. Selbst Naturgesetze werden zum Ausdruck seiner Schöpferkraft. Die kalte Welt der Wissenschaft wandelt sich zur Heimat für lebendige Menschen.

Würde des Menschen

Für die Natur hat das Individuum keinerlei Bedeutung. Wo ein Leben Platz hat, sät sie hundert, und erzeugt einen gnadenlosen Konkurrenzdruck. Nur der Fortbestand der Art zählt. Ganz im Gegensatz dazu glaubt unsere westliche Zivilisation felsenfest an Wert und Würde jedes Einzelnen. Dies gilt als Grundrecht. Mit welcher Rechtfertigung? Wenn man die Menschenwürde nicht einfach behaupten will und sie damit der Gefahr ausliefert, nach Belieben wieder außer Kraft gesetzt zu werden, *muss* man sie religiös begründen: Weil wir Gottes Geschöpfe sind, ja sein Ebenbild, weil Gott jeden einzelnen Menschen unendlich liebt und sein Heil will, *darum* hat jeder Mensch eine unverlierbare Würde. Ich bin *mehr* als ein Produkt der Natur, mehr als ein Exemplar der Art „Homo Sapiens", mehr als ein nützliches Mitglied der Gesellschaft... Ich bin Gottes Kind, geliebt und gerufen zu einem Leben noch über dieses Leben hinaus. *Das* gibt meinem Leben „Farbe"!

Gott erschuf den Menschen als sein Bild; als Bild Gottes erschuf er ihn. Männlich und weiblich erschuf er sie.

Genesis 1,27

Glut in der Dunkelheit

Für alle Menschen ist das Leben eine höchst widersprüchliche Mischung aus Glück und Unglück, Freude und Leid. Immer endet es mit dem Tod. Viele Glaubende empfinden das als Problem: Wieso erlebe ich so viel Elend, wo doch Gott gut ist und mich liebt? Ohne Glauben allerdings bleibt die Welt dieselbe. Das Leid verschwindet ja nicht, wenn man Gott leugnet. Es verschärft sich eher, denn jetzt muss man es ohne irgendeinen Trost in seiner ganzen Härte und Sinnlosigkeit ertragen.
Wer einen Glauben hat, kann wenigstens hoffen, dass es doch einen verborgenen Sinn geben könnte, auch wenn er nicht auf der Hand liegt. Er kann aus seiner Beziehung zu Gott Kraft und Standfestigkeit schöpfen. Er weiß, dass Gott sich gerade den Leidenden zuwendet, und dass er im Leiden von Jesus an allem Schmerz der Welt Anteil nimmt. Eine geheime Glut glimmt auf in der Dunkelheit von Leid, Verlassenheit und Tod. Menschen können dadurch reif und weise werden. Sie verstehen das Leben tiefer, und können andere besser verstehen und mittragen. Denn manches sehen nur die Augen, die geweint haben...

Zeit zum Verweilen und Nachdenken

- *Was war mir besonders wichtig – was will ich mir bewahren?*

Anregungen für das Gebet

Für welche „Farben des Lebens" habe ich heute Anlass zu danken: die Schönheit der Natur ... Gottes Liebe, die mir meine Würde verleiht ... die Kraft und Hoffnung im Leiden ... ?

Impuls für den Tag

Wie „färbt" der Glaube mein Leben? Ich achte auf das, was einen Unterschied macht.

- *Habe ich eine eigene Idee für diesen Tag?*

3. WOCHE – 6. TAG (20. DEZEMBER)
SUCHEN UND FINDEN

Einstimmende Übung zur Sammlung: siehe S. 8-10

Zur Besinnung

Sind wir suchende Menschen?

Manch leidenschaftlich Suchender begegnet uns auf dem Weg nach Betlehem: die Propheten des Alten Bundes, die Hirten, die Sterndeuter aus dem Osten, viele Gestalten um Jesus... sie geben sich nicht zufrieden mit dem, was ist. Sie sind offen für Neues, für Überraschungen – für Gottes Anruf und Verheißung.

Vielleicht waren die Suchenden ja zu allen Zeiten eher die Ausnahme. Heute jedenfalls gewinnt man den Eindruck, dass es nur wenige ernsthaft suchende Menschen gibt. Der Wohlstand begünstigt ein oberflächliches Leben. Wozu nach Tieferem und Wesentlicherem suchen, wenn es einem gut geht? Trotzdem spüren manche ein tiefsitzendes Unbehagen: Muss es im Leben nicht „mehr als alles" geben? Sie spüren den Mangel an menschlicher und geistiger Tiefe, an echter Erfüllung. Ist es nicht im Grunde *Gott,* der da fehlt? Wer außer ihm vermag unsere grenzenlose Sehnsucht nach Leben, Sinn und Liebe zu erfüllen – jene Sehnsucht, die von nichts, was diese Erde bietet, ganz gestillt wird?

> *Gott, mein Gott bist du, dich suche ich, es dürstet nach dir meine Seele. ... Denn deine Huld ist besser als das Leben. ... Meine Seele hängt an dir; fest hält mich deine Rechte.*
>
> Psalm 63,2.4.9

Sind wenigstens wir Christen „Suchende"? Zumindest wissen wir, dass wir Gott brauchen. In mancher Hinsicht haben wir gefunden. Doch den Glauben – vor allem, wenn man darunter eine wirkliche Beziehung zu Gott versteht und nicht nur religiöse Lehrsätze – „hat" man nicht einfach. Er ist ein lebenslanger Prozess. Sind viele Christen deshalb so träge und ohne Ausstrahlung, weil sie meinen, sie seien „fertig" und bräuchten Gott nicht mehr zu suchen?

Das Leben fordert heraus

Was bringt uns neu zum Suchen? Das Leben selbst veranlasst uns dazu: In Situationen des Umbruchs wird das Gewohnte in Frage gestellt. Bestimmte Lebensphasen, z.B. die Lebensmitte oder die Schwelle zum Alter, werfen neu die Frage nach Sinn und Ziel des eigenen Daseins auf. In Kirche und Gesellschaft wandelt sich vieles; wie reagiere ich darauf? Meine Kinder kommen mit neuen Ideen daher; ich muss mich damit auseinandersetzen. Ein Mensch tritt neu in mein Leben und erweitert meinen Horizont, gerade weil er so anders ist als ich. Neue Aufgaben fordern mich. ... Wenn ich mich dem stelle, aufbreche und nicht im Gewohnten steckenbleibe, dann erst werde ich ein wirklich *lebendiger* Mensch. Mitten darin kann mir *Gott* begegnen! Sein Anruf steckt oft schon in den Herausforderungen des Lebens. Wenn ich darauf eingehe, wächst auch mein Glaube. Oft werde ich mich von Gott beschenkt fühlen.

Finden – und weiter suchen

Dann, manchmal, *finde* ich wirklich: Es gibt „Höhepunkts-Erfahrungen", wo Gott mir besonders nahe kommt. Sie können in der Stille geschehen oder in der Natur, bei intensiven religiösen Feiern, in Begegnung und Gemeinschaft, aber auch wie ein innerer Umschwung mitten in einer Lebenskrise. Da entdecke ich Gottes Führung, begreife seine Liebe, bin überwältigt vom Gefühl seiner Gegenwart...

Solche Erfahrungen sind oft rein innerlich und nur schwer mitteilbar. Ich kann mit ihnen nichts beweisen. Aber mein eigener Glaube lebt davon, und *darf* davon leben. Würde ich niemals finden, erschiene die Suche vergeblich...

Dennoch lassen sich Erfahrungen nicht festhalten, und wer bloß aus der Erinnerung lebt, wird bald gar nichts mehr in der Hand haben! Gerade *weil* ich gefunden habe, muss ich weiter suchen. Der Weg geht weiter – bis zum Ziel meines Lebens. Dort, an der Schwelle zur Ewigkeit, werde ich endgültig finden – oder besser gesagt: von Gott gefunden werden.

Zeit zum Verweilen und Nachdenken

- *Was war mir besonders wichtig – was will ich mir bewahren?*

Anregungen für das Gebet

Welche Sehnsüchte, welche Suchbewegungen sind (noch) in mir lebendig? Ich lasse sie zu, verdränge nicht die Unruhe, den Schmerz des Ungenügens... Alles bringe ich vor Gott hin, und bitte ihn um Licht und Wegweisung.

Impuls für den Tag

Spüre ich heute eine ungestillte Sehnsucht? Regt sie in mir ein neues Suchen an?

- *Habe ich eine eigene Idee für diesen Tag?*

3. WOCHE – 7. TAG (21. DEZEMBER)
INNEHALTEN AUF DEM WEG

Einstimmende Übung zur Sammlung: ***siehe S. 8-10***

Ich rufe mir die Leitgedanken der Besinnungen in Erinnerung:

1. Tag: Nehmen wir Gott ernst genug? *Herausforderung des Evangeliums.*
2. Tag: Wer ist das denn – „Gott“? *Meditation des Da-Seins.*
3. Tag: Gott in der Stille suchen. *Der „mystische“ Weg.*
4. Tag: Gott in allen Dingen finden. *Spuren Gottes im Leben, in der Welt.*
5. Tag: Farben des Lebens.
   Welchen Unterschied es macht, an Gott zu glauben.
6. Tag: Suchen und finden. *Im Glauben auf dem Weg bleiben.*

Ich denke nach:

- Was hat mich besonders angesprochen oder berührt?
- Ist mir eine besondere Erfahrung zuteil geworden?
- Hat sich etwas in meinem Leben verändert?
- Bin ich Gott näher gekommen? Welchen seiner „Spuren“ konnte ich folgen?
- Was möchte ich mir bewahren?

Zeit zum Verweilen und Nachdenken

Anregungen für das Gebet

- Ich *danke* Gott für gute Erfahrungen, neue Einsichten, inneres Wachstum, positive Veränderungen in meinem Verhalten... Besonders danke ich für jede Einsicht oder Erfahrung, die mich ihm näher gebracht hat.
- Ich *übergebe* Gott alles, was unbefriedigend verlaufen ist. Im Vertrauen auf seine Vergebung darf ich es loslassen.
- Ich *bitte* Gott um Segen für alles, was ich mir vorgenommen habe.
- Vielleicht will ich noch in weiteren persönlichen Anliegen beten.

Impuls für den Tag

Was war das Wichtigste, das ich in dieser Woche für meine praktische Lebensgestaltung entdeckt habe? Das vertiefe ich heute noch einmal.

4. WOCHE:

ZUR KRIPPE FINDEN

Einstimmendes Schriftwort

Mit der Geburt Jesu Christi war es so:
Maria, seine Mutter, war mit Josef verlobt; noch bevor sie zusammengekommen waren, zeigte sich, dass sie ein Kind erwartete – durch das Wirken des Heiligen Geistes.
Josef, ihr Mann, der gerecht war und sie nicht bloßstellen wollte, beschloss, sich in aller Stille von ihr zu trennen.
Während er noch darüber nachdachte, siehe, da erschien ihm ein Engel des Herrn im Traum und sagte: Josef, Sohn Davids, fürchte dich nicht, Maria als deine Frau zu dir zu nehmen; denn das Kind, das sie erwartet, ist vom Heiligen Geist. Sie wird einen Sohn gebären; ihm sollst du den Namen Jesus geben; denn er wird sein Volk von seinen Sünden erlösen.
Dies alles ist geschehen, damit sich erfüllte, was der Herr durch den Propheten gesagt hat: Siehe: Die Jungfrau wird empfangen und einen Sohn gebären, und sie werden ihm den Namen Immanuel geben, das heißt übersetzt: Gott mit uns.
Als Josef erwachte, tat er, was der Engel des Herrn ihm befohlen hatte, und nahm seine Frau zu sich. Er erkannte sie aber nicht, bis sie ihren Sohn gebar. Und er gab ihm den Namen Jesus.

Matthäus-Evangelium 1,18-25

4. Woche – 1. Tag
(4. Adventssonntag / 22. Dezember)
Wes Geistes Kind ist er?

Einstimmende Übung zur Sammlung: siehe S. 8-10

Zur Besinnung

Des Heiligen Geistes Kind

Josef, Sohn Davids, fürchte dich nicht, Maria als deine Frau zu dir zu nehmen; denn das Kind, das sie erwartet, ist vom Heiligen Geist.

Matthäus-Evangelium 1,20

Warum eigentlich sollte Jesus nicht auf natürliche Weise von seinen Eltern gezeugt sein? Die Vorstellung einer „geistgewirkten", gar „jungfräulichen" Empfängnis und Geburt bereitet modern denkenden Menschen Schwierigkeiten. Muss man das wörtlich nehmen? Doch das ist vielleicht gar nicht die entscheidende Frage. Viel eher: welche *Botschaft* steckt darin?
Unter seinen Zeitgenossen war Jesus umstritten – mit seiner Lehre ebenso wie mit seinem Anspruch, im Namen Gottes zu sprechen. „Wes Geistes Kind ist er?" An dieser Frage schieden sich damals die Geister zwischen Juden und Christen, ebenso heute zwischen Gläubigen und Ungläubigen.
Das christliche Glaubensbekenntnis sagt: Jesus, und nur er allein, zeigt uns das wahre Gesicht Gottes, und zwar in seiner eigenen Person – er ist „Gottes Sohn". *Gottes* Geist wirkt in ihm. Buchstäblich ist er „des Heiligen Geistes Kind". Kann man das markanter ausdrücken als damit, dass seine Mutter Maria ihn „durch das Wirken des Heiligen Geistes" empfängt?

Neue Schöpfung

Mit Jesus beginnt etwas absolut Neues. Er ist Bruder aller Menschen, und doch kein Mensch wie alle anderen. Er ist „Menschensohn" und zugleich Gottes Sohn. Sein Kommen stellt die große Wende in der Geschichte der Menschheit dar: Jetzt ist Gottes Reich nahe; jetzt haben wir einen neuen, freien Zugang zu Gott, unserem Vater. Jesus bringt Gott in die Welt, und uns trägt er zu Gott. Was er bewirkt, lässt sich nicht ableiten aus den üblichen Zusammenhängen der Welt, der Geschichte. Obwohl von einer menschlichen Mutter geboren, kann Jesus darum nicht einfach der natürlichen Abfolge der

Geschlechter entstammen. Sein *wahrer* Ursprung liegt in Gott. Der Neuanfang mit der Menschwerdung Gottes in Jesus ist so radikal, dass er sich nur mit der Schöpfung am Anfang aller Zeiten vergleichen lässt. Darum ist es der „Schöpfer-Geist“, der im Schoß Marias eine Neuschöpfung bewirkt. Kann man die doppelte Natur Jesu eindringlicher veranschaulichen als mit der geistgewirkten Empfängnis? Jesus ist ganz Marias Kind, „Menschenkind“, und zugleich kommt er ganz aus Gott.

Mit den Augen des Glaubens sehen

Die Augen des Glaubens erkennen in Jesus den „Immanuel“, in dem „Gott mit uns“ ist. Sie wissen um die Wahrheit im Klang des Namens „Jesus“: Er bedeutet „Jahwe/Gott ist Heil“. Sie sehen in ihm den hoffnungsvollen Neuanfang in der verworrenen menschlichen Geschichte. An uns selbst erfahren wir, wie die Begegnung mit Jesus Heil und neues Leben stiftet, wie er einen neuen Geist in die Welt bringt und uns mit diesem Geist erfüllt.

Glaube von Menschen war nötig, um dieser schöpferischen Tat Gottes den Weg zu bereiten. Gott wirkt nicht ohne uns, nicht über unsere Köpfe hinweg. Das Lukas-Evangelium schaut auf den Glauben von Maria in ihrem „Ja“ zur Botschaft des Engels. Das Matthäus-Evangelium hebt den Glauben von Josef hervor. Ihm wurde sein eigenes „Ja“ zu Gottes Plänen abverlangt: Auf einen Traum hin zu glauben, dass Maria ihm nicht untreu geworden, sondern auf geheimnisvolle Weise ein Werkzeug Gottes ist; entgegen allen bürgerlichen Gepflogenheiten Maria anzunehmen und ihrem Kind, das nicht sein eigenes ist, einen Namen und väterliche Fürsorge zu geben – dazu gehörte viel Mut und Vertrauen. Ohne zu fragen oder zu zweifeln handelt Josef. Es ist der handfeste, durch die Tat verwirklichte Glaube eines einfachen, redlichen Mannes. Darauf baut Gott sein Werk – auch bei uns.

Zeit zum Verweilen und Nachdenken

- *Was war mir besonders wichtig – was will ich mir bewahren?*

Anregungen für das Gebet

Ich danke Gott für die Menschwerdung seines Sohnes aus Maria ... dafür, dass er uns menschlich nahe kommt ... für die Erlösung, die Jesus uns bringt.

Impuls für den Tag

Wo ist von mir heute Glaube gefordert, wie Josef ihn hatte?

- *Habe ich eine eigene Idee für diesen Tag?*

4. Woche – 2. Tag (23. Dezember)
In Erwartung

Einstimmende Übung zur Sammlung: siehe S. 8-10

Zur Besinnung

Sehnsucht nach „Heil"?

Gibt es überhaupt noch eine Suche nach „Heil" – gar eine, die für religiöse Antworten offen wäre? Man wird den Eindruck nicht los, dass die meisten Menschen heute so übersättigt sind, dass sie nach gar nichts „Höherem" oder „Tieferem" mehr fragen: „Ich glaub' nichts – und mir fehlt auch nichts!"
Immerhin gibt es die Suche nach ganzheitlicher *Heilung*. Verschiedenste Angebote von Naturheilkunde über Psychologie bis zur Esoterik versprechen das. Es gäbe sie nicht, würden sie nicht nachgefragt. Das hat wohl mit dem zerrissenen modernen Lebensstil zu tun. Viele tragen seelische Lasten, sind uneins mit sich selbst, kommen mit anderen schlecht zurecht. Leistungs-, Erwartungs- und Zeitdruck, oft mit „Burnout" als Folge, zerstören Menschen. Hier sehen wir wohl die Form, wie man sich heute nach „Erlösung" sehnt.
Den *„Sinn des Lebens"* sucht man als „Leben in Fülle". „Sinn" ist ja ein vieldeutiger Begriff. Er wird konkret, wenn Leben gelingt, Beziehungen glücken, man in Einklang mit sich selbst gelangt. Dann *erfährt* man Leben als sinnvoll.
Verdrängt werden oft die Erfahrungen von Scheitern, Ohnmacht, Verletzbarkeit und Tod. Man muss ja stets stark sein und funktionieren, darf sich keine Schwäche leisten, keine Probleme haben – sonst zieht man schnell den Kürzeren. Männer spüren diesen Druck mehr als Frauen.

„Erlöser" Jesus?

> *O Immanuel, unser König und Lehrer, du Hoffnung und Heiland der Völker: o komm, eile und schaffe uns Hilfe, du unser Herr und unser Gott!* [11)]

Gibt Weihnachten, die Ankunft von Jesus, Antwort hierauf? Sicher nicht bruchlos – immer sind Antworten des Glaubens auch Herausforderungen an den Menschen. Sie brechen seine Fragen auf, öffnen weitere Horizonte. Doch Bezüge lassen sich finden.
Das Wirken Jesu war ein „Heils-Wirken": Kranke heilen, von zerstörenden Mächten befreien, Sünden vergeben, Versöhnung stiften; den Armen eine

gute Nachricht verkünden, die Hoffnungen weckt... – vieles davon antwortet auch auf die heutige Sehnsucht nach „ganzheitlicher Heilung“. Nicht ohne Grund wurde die heilende Kraft des Evangeliums in unserer Zeit neu entdeckt.[12)] Seelisch heiler zu werden ist eine häufige Erfahrung auf Wegen der Glaubenserneuerung.

„Leben in Fülle“ verspricht Jesus selbst (Johannes-Evangelium 10,10). Gerade wer aus einem Leben ohne Gott, vielleicht nach vielerlei Umwegen, zum Glauben an Jesus findet, erlebt sein neues Leben als reich und erfüllt, sein altes Leben als flach und leer im Vergleich dazu. Dabei ist die „Fülle“ oft schwer zu beschreiben. Sie hängt eng mit der persönlichen Beziehung zu Jesus zusammen: Von ihm, von seiner Person geht „Lebensfülle“ aus.

In Armut geboren, am Kreuz gestorben mit dem Schrei der Verlassenheit auf den Lippen – Jesus ist kein oberflächlich erfolgreicher Retter. Doch gerade so nimmt er teil an all unseren negativen, dunklen Erfahrungen. Sie müssen nicht mehr verdrängt werden, sondern finden Platz und Sinngebung im Glauben an Jesus.

Was darf ich erwarten?

Will *ich* mehr Heilung suchen? Ich kann die Lasten meiner Lebensgeschichte, meine innere Zerrissenheit, Druck und Hektik des modernen Lebensstils zu Jesus bringen, alles im Gebet aussprechen und weggeben – und erfahren, wie manches sich löst. Will ich meine Beziehung, meine innere Nähe, ja meine Hingabe an Jesus vertiefen? Von da kann eine Erfahrung größerer Tiefe und Sinnerfüllung ausgehen. Will ich meine Wunden, meine Ohnmacht, mein Leiden, meine Angst vor dem Tod zu ihm, dem Gekreuzigten bringen? Er nimmt mir all dies nicht einfach ab, doch er trägt es mit. Er befähigt mich, trotzdem „ja“ zum Leben zu sagen. Seine Auferstehung eröffnet eine Hoffnung über dieses Leben hinaus.

Zeit zum Verweilen und Nachdenken

- *Was war mir besonders wichtig – was will ich mir bewahren?*

Anregungen für das Gebet

Ich fasse diejenigen Erwartungen ins Wort, in denen ich mich wiederfinde.

Impuls für den Tag

Wo spüre ich meine Heils-Sehnsucht? Wo entdecke ich Spuren von Heil?

- *Habe ich eine eigene Idee für diesen Tag?*

HEILIGABEND (24. DEZEMBER)
„HIRTEN ERST KUNDGEMACHT..."

Einstimmende Übung zur Sammlung: ***siehe S. 8-10***

Zur Besinnung

Hirten-Idylle?

Fürchtet euch nicht, denn siehe, ich verkünde euch eine große Freude ...: Heute ist euch in der Stadt Davids der Retter geboren; er ist der Christus, der Herr.

Lukas-Evangelium 2,10-11

Raue Gesellen waren sie, gewohnt, ohne viel Schutz im Freien bei ihren Herden zu leben. Entsprechend stellt man die Hirten in unseren Weihnachtskrippen gern dar: grob gekleidete, von Wind und Wetter gegerbte Gestalten. Weil sie nicht in den Ortschaften wohnten, galten sie als Außenseiter. Man begegnete ihnen mit Argwohn – fast wie heutzutage „Zigeunern". Gewiss keine Hirten-Idylle... Ausgerechnet sie hören als Erste die Kunde, dass der Messias geboren sei!

Ein seltsamer Kontrast zieht sich durch die Weihnachtsgeschichte: Himmlischer Klang und Glanz in Gesang und Botschaft der Engel – ansonsten jedoch spielt sich alles unter ganz einfachen, armen, teilweise geradezu ausgegrenzten Leuten ab. Der Himmel neigt sich der Erde zu – allerdings nicht denen, die auf Erden „oben" stehen: den Staatenlenkern, Generälen und Wirtschaftsbossen; auch nicht den „Dichtern und Denkern", die sich gern ein wenig über die Erde erhaben wähnen; nicht einmal den religiösen Führern, die sich doch gewöhnlich den besten Draht zum Himmel zuschreiben. Gott vollzieht seine „Option für die Armen"!

„Option für die Armen"

Seit einigen Jahrzehnten vollzieht sich unter diesem Motto vor allem in der Kirche Lateinamerikas ein tiefgreifender Wandel. „Option für die Armen" meint: Die Kirche verzichtet auf Privilegien, Machtstellungen und Reichtümer, und auf den Pakt mit den Reichen und Mächtigen. Bischöfe und Priester leben einfach, nicht anders als das gewöhnliche Volk. Sie wenden sich den Armen, den kleinen Leuten zu, und das nicht zuerst durch (immer noch irgendwie „von oben herab" kommende) Betreuung oder Sozialarbeit, sondern indem sie mit den Menschen leben, ihre Daseinsbedingungen teilen und auf deren eigene Kräfte setzen. Genau dort entfaltet der Glaube seine schöpferische, ja revolutionäre Kraft. *Papst Franziskus* hat durch viele seiner Aussagen, seinen eigenen Lebensstil und durch sprechende Zeichen diese „Option für die Armen" neu ins Licht gerückt. Wird sie zur Anfrage an uns, an *mich?*

Gegen den Strom

Konsumrausch, teure Geschenke, üppiges Essen, ein Ski-Urlaub hinterher – so gesehen, ist Weihnachten ein gründlich verdorbenes Fest. Da wäre es schon ein Angehen gegen den Strom, Weihnachten schlichter, auf seine religiöse Bedeutung konzentriert zu feiern, mit einfachen, aber liebevoll ausgesuchten Geschenken... Viele Konsumartikel brauchen wir nicht wirklich. Sie sind Status-Symbole, „Ego-Erweiterungen", und dienen nur dazu, „in" zu sein und gut dazustehen. Muss es das neueste, teure Smartphone sein? Ein etwas älteres kann praktisch dasselbe. Erfüllt das Auto eine Nummer kleiner nicht ebenso gut seinen Zweck? Mache ich meine Urlaubsreise, um nachher damit angeben zu können, wo ich überall war, oder will ich mich erholen? ...
Sich den „Armen" zuwenden? Zuweilen sind es auch bei uns materiell Arme, häufiger aber „menschlich Arme", die einen Zuhörer und Begleiter brauchen, jemanden, der Zeit und Wertschätzung mitbringt, der tröstet und ermutigt...
Ein Teil meiner persönlichen „Option für die Armen" geschieht in Gesprächen: Viele trauen sich nichts zu oder glauben, sie hätten ohnehin nichts zu sagen. Ich ermutige gerade einfache Menschen, auch wenn sie sich nur unbeholfen ausdrücken können, ihrer eigenen Lebens- und Glaubens-Erfahrung *Bedeutung* beizumessen und davon zu erzählen. Allem, was sie äußern, begegne ich mit Wertschätzung. Das fällt leichter als man denkt, denn was sie zu sagen haben, ist oft konkreter, lebensnäher und eindrucksvoller als die klugen, aber eher theoretischen Überlegungen der Gebildeten!

Zeit zum Verweilen und Nachdenken

- *Was war mir besonders wichtig – was will ich mir bewahren?*

Anregungen für das Gebet

Ich lasse mich herausfordern von Gottes „Option für die Armen" und frage: „Zu wem willst du mich senden, bzw. wen sendest du mir? Was soll ich tun?"

Impuls für den Tag

Ergibt sich heute eine Gelegenheit, mein Leben einfacher zu gestalten?

- *Habe ich eine eigene Idee für diesen Tag?*

WEIHNACHTEN (25. DEZEMBER)
„MACHT, KINDER GOTTES ZU WERDEN"

Einstimmende Übung zur Sammlung: siehe S. 8-10

Zur Besinnung

„Weltgeist" zum Anfassen

„Dass ich erkenne, was die Welt im Innersten zusammenhält." Dieser Satz aus *Goethes* „Faust" benennt die Sehnsucht aller suchenden Menschen: Sinn und Zusammenhang des Lebens und der Welt mit ihren vielerlei Kräften zu begreifen, und so auch die Bedeutung des eigenen Daseins zu verstehen. Griechische Denker zur Zeit Jesu nannten diesen „Weltsinn", die „Logik" hinter allem den *„Logos"* und suchten ihn mittels hochgeistiger Spekulationen.
„Das Wort ist Fleisch geworden und hat unter uns gewohnt" (Johannes-Evangelium 1,14). Was hier mit „Wort" übersetzt ist, meint eben jenen „Logos". Der ist in Jesus „Fleisch" geworden: handfest, konkret, sichtbar und greifbar – „Weltgeist zum Anfassen". Der Evangelist betont damit: Sucht den Sinn der Welt und des Lebens nicht in klugen, aber abstrakten Ideen. Ihr findet ihn in Jesus. Wer ihm begegnet, wer an ihn glaubt, wer sein Jünger wird – der *versteht*. Er lebt das wahre Leben vor, und von seiner Person, vom Leben mit ihm gehen Sinn und Erkenntnis aus; es ist eine Wahrheit des Lebens, die man nicht in eine Theorie fassen kann. Und hier ist mehr als Wort und Gedanke: *Gott selbst* tritt durch Jesus in menschlicher Gestalt mitten unter uns.

Würde des Menschen

Allen aber, die ihn aufnahmen, gab er Macht, Kinder Gottes zu werden, allen, die an seinen Namen glauben.

Johannes-Evangelium 1,12

Was an Weihnachten geschieht, zeigt, wie viel wir Menschen Gott wert sind: buchstäblich *alles* – so viel, dass er total in unser Dasein eintaucht. Das gibt uns die tiefste Würde: Seit Gott Mensch geworden ist, trägt jeder Mensch das Antlitz Gottes. Niemand darf darum missachtet und seiner Würde beraubt werden. Wo auch immer Menschen gequält, gedemütigt, ausgebeutet, ermordet... werden, ist das ein Schlag ins Gesicht Gottes.
Das gilt ohne Unterschied von *allen* Menschen. Wer jedoch an Jesus glaubt, gewinnt noch mehr: die „Macht, Kinder Gottes zu werden". Wir sind nicht nur Geschöpfe und Ebenbild Gottes, wir sind sogar seine Söhne und Töchter.

Eine persönliche Beziehung entsteht. Jeder Einzelne ist persönlich angesprochen, geliebt und bejaht.

Gottes „Prokuristen"

Das Wort „Macht" mag hier zuerst störend wirken. Ist unsere „Gotteskindschaft" nicht vor allem *Geschenk?* Ja, das ist sie. Doch zugleich verleiht sie uns eine „Bevollmächtigung" (das meint eigentlich das griechische Wort *„exousia"* für „Macht"): eine „königliche" Würde und Freiheit. Wir können über uns hinauswachsen, „aus Gott neu geboren werden" (vgl. Johannes-Evangelium 1,13). Wir „Kinder der Erde" sind nun „Kinder des Himmels", und wir sind es mitten in diesem irdischen Leben. In jedem von uns fließt eine Lebensquelle, auf die wir immer neu zurückgreifen können.
Mit „Macht" verbinden wir meist Zwang und Gewalt. *Gottes* Macht jedoch ist ganz anders: Es ist die Macht zu *erschaffen.* Von dieser Art ist die „Macht, Kinder Gottes zu werden": Wir werden selbst neu geschaffen, und von uns kann wiederum etwas von Gottes schöpferischer Lebensmacht ausgehen!
Hat mich die Kraft des Glaubens schon einmal dazu befähigt, z.B.:

- andere aufzurichten, wenn sie niedergeschlagen und verzweifelt waren;
- so achtungsvoll mit jemandem umzugehen, dass er seine Würde wiedergewonnen hat;
- so einfühlsam mit jemandem zu sprechen, dass er heiler und versöhnter wurde;
- das in einem Menschen verborgene Gute so anzusprechen, dass ich sein inneres Wachstum, die Entfaltung seiner besten Kräfte fördern konnte; ... ?

Immer dann war ich „Bevollmächtigter", gleichsam „Prokurist" Gottes!

Zeit zum Verweilen und Nachdenken

➢ *Was war mir besonders wichtig – was will ich mir bewahren?*

Anregungen für das Gebet

Ich meditiere eine Weihnachtskrippe und lasse mich berühren von dem ungeheuren Geschehen: Gott als Mensch, der „Weltsinn" in einem Kind – und ich selbst als Schwester/Bruder des Mensch gewordenen Gottes.

Impuls für den Tag

Ich suche aus meiner Würde und Freude, Kind Gottes zu sein, zu leben.
Erfahre ich auch, wie etwas von Gottes Lebensmacht auf andere ausstrahlt?

➢ *Habe ich eine eigene Idee für diesen Tag?*

2. Weihnachtsfeiertag / hl Stephanus (26. Dezember)
Wozu Gott Mensch geworden ist

Einstimmende Übung zur Sammlung: siehe S. 8-10

Zur Besinnung

Der Zeuge

Wann wird es wirklich Weihnachten? Dann, wenn Wirklichkeit wird, wozu Gott Mensch geworden ist! *Stephanus* zeigt mit seinem Leben und Sterben, wozu Jesus geboren worden ist – wofür also Gott Mensch geworden ist. Er lebt es vor. So ist er ein „Märtyrer" im Sinne des Wortes: „Märtyrer" bedeutet „Zeuge/Blutzeuge". Es braucht Leute wie ihn, damit das Wirklichkeit wird, wofür Jesus gekommen ist – auch heute.

Gottes Wort – für uns

Wozu ist Gott Mensch geworden? Zuerst, damit sein Wort von uns Menschen gehört, verstanden und ernstgenommen wird. Jesus, Gottes Sohn, *ist „das Wort, das Fleisch geworden ist"* (Johannes-Evangelium 1,14). Er verkündet nicht nur Gottes Wort – in eigener Person lebt er uns Gottes Wesen vor.
In der Apostelgeschichte wird Stephanus als großer Verkünder und Prediger gezeigt. Er scheut dabei auch nicht den Konflikt. Um Jesu Evangelium zu verkünden, setzt er alles ein, sogar sein Leben. Mit seiner ganzen Existenz ist er „Zeuge des Wortes".

Frieden

Stephanus betete und rief: Herr Jesus, nimm meinen Geist auf! Dann sank er in die Knie und schrie laut: Herr, rechne ihnen diese Sünde nicht an! Nach diesen Worten starb er.
Apostelgeschichte 7,59-60

Stephanus ist ein kämpferischer Typ. Doch seine „Waffe" ist allein das Wort, die Überzeugungskraft seiner Rede. Er bleibt konsequent gewaltlos, obwohl gegen ihn Gewalt geübt wird. So stirbt er als Märtyrer.
„Friede auf Erden" gehört zur Weihnachtsbotschaft. Stephanus setzt sich für den Frieden ein, indem er auf Gewalt, sogar auf Selbstverteidigung verzichtet, und lieber selbst Opfer von Gewalt wird, als mit Gewalt „heimzuzahlen".
Oft ist Frieden auf keine andere Weise zu erreichen! Kann man Frieden schaffen mit Hilfe von Waffen? Die Eigendynamik der Gewalt steht dem ent-

gegen. Ein erzwungener Friede zerbricht meist schnell wieder. Wie tragisch, dass Menschen immer leichter für Fanatismus und Gewalt zu begeistern sind, als für Verständigung, Gewaltlosigkeit und Frieden! Stephanus durchbricht den Teufelskreis. Es scheint, dass dieser Weg doch der bessere ist.

Füreinander zum Geschenk werden

Jesus kam, um einen neuen Umgang zwischen Menschen möglich zu machen: den der *Liebe*. Stephanus lebt dies vor als „Diakon", das heißt „Diener". Er dient den Armen der Gemeinde. So lebt er den neuen Umgang mit anderen vor. Statt alles für sich haben zu wollen, alles an sich zu reißen, zuerst an sich selber zu denken – *verschenkt* er sich und *dient*.
Weihnachten ist ein Fest der Geschenke. Verschenken wir nur irgendwelche Dinge – oder werden wir, wie Stephanus, selbst zum Geschenk füreinander, indem wir *dienen*, das heißt füreinander da sind? Einer für den andern, jeder für jeden: da „öffnet sich der Himmel". Durch Liebe und Dienen kommt etwas vom Himmel auf unsere Erde.

Sendung

Stephanus ist „Missionar": Er folgt der Sendung, Menschen für Christus zu gewinnen. Mission kann auch schlicht und unaufdringlich sein. In unserer Umgebung mag es Menschen geben, die aus irgendwelchen Gründen angefangen haben, sich Fragen über den Sinn ihres Lebens zu stellen. Da werden sie empfänglich für die Botschaft des christlichen Glaubens! Wir drängen ihnen nichts auf, aber wir suchen das Gespräch, wir sind für sie da, hören zu, verstehen ihre Fragen und ihr Suchen. Dann mag es sich ergeben, dass wir unsere Erfahrung mit dem Glauben ins Spiel bringen können – so, dass sie dem andern zur Antwort auf seine Fragen wird. Von Mensch zu Mensch: so geht „Mission" heute, und so können auch wir, wie Stephanus, „Zeugen" sein!

Zeit zum Verweilen und Nachdenken

- *Was war mir besonders wichtig – was will ich mir bewahren?*

Anregungen für das Gebet

Ich bete darum, wie Stephanus Zeuge, Diener und Friedensstifter zu werden.

Impuls für den Tag

Ergibt sich Gelegenheit zu dienen, indem ich Zeit und Liebe verschenke?

- *Habe ich eine eigene Idee für diesen Tag?*

Rückblick auf die Woche und auf den gesamten Weg

Einstimmende Übung zur Sammlung: siehe S. 8-10

Ich rufe mir die Leitgedanken der Besinnungen in Erinnerung:

1. Tag: Wes Geistes Kind ist er?
Die vom Heiligen Geist gewirkte Empfängnis Jesu.
2. Tag: In Erwartung. *Sehnsucht nach dem Heil.*
3. Tag (Heiligabend): „Hirten erst kundgemacht..."
Gottes Zuwendung zu den Armen.
4. Tag (Weihnachten): „Macht, Kinder Gottes zu werden".
5. Tag (hl. Stephanus): Wozu Gott Mensch geworden ist.

Ich rufe mir die Leitgedanken der einzelnen Wochen in Erinnerung:

1. Woche: Zur Ruhe finden.
Gelassenheit ... Einüben der Stille, Erfahrungen mit der Stille ... in der Gegenwart leben ... bewusster leben, ganz da sein ... Umgang mit Stress.

2. Woche: Zu sich selber finden.
Ernsthaft nach dem eigenen wahren Wesen suchen ... Maria als Modell ... das innerste Selbst ... Selbstannahme ... meine Gaben entfalten ... innere Freiheit gewinnen.

3. Woche: Zu Gott finden.
Gott ernst nehmen ... Gottes Spuren im eigenen Dasein, in der Stille, in der Natur, in Erfahrungen des Lebens ... das Leben gewinnt Farbe ... suchen, finden, und weiter suchen.

4. Woche: Zur Krippe finden.
Sehnsucht nach Heil ... Jesus: „Kind des Heiligen Geistes" ... Gottes „Option für die Armen" ... Kinder Gottes durch Gottes Menschwerdung ... Stephanus als Zeuge des neuen Lebens.

Ich denke nach:

- ➢ Was hat mich besonders angesprochen oder berührt?
- ➢ Was hat mich herausgefordert oder gar Widerstand erregt?
- ➢ Welche inneren oder praktischen Schritte habe ich vollzogen?
- ➢ Bin ich Jesus näher gekommen?
- ➢ Konnte ich den Advent und Weihnachten bewusster leben?
- ➢ Welche besonderen Erfahrungen sind mir zuteil geworden?
- ➢ Was möchte ich mir bewahren?

Zeit zum Verweilen und Nachdenken

Anregungen für das Gebet

- Ich *danke* Gott für alle guten Erfahrungen, neuen Einsichten, inneres Wachstum, positive Veränderungen in meinem Verhalten ...
- Ich *übergebe* Gott alles, was unbefriedigend verlaufen ist: die ungelösten Fragen, Enttäuschungen und Widerstände, verpasste Gelegenheiten, auch eigene Trägheit und Gleichgültigkeit, Fehler und Sünden ...
  Er schaut alles mit dem Blick der Liebe an. Darum brauche ich nichts zu verdrängen, zu beschönigen oder zu rechtfertigen. Im Vertrauen auf seine Vergebung darf ich es loslassen.
- Was belastet und beunruhigt mich noch? Ich bete um mehr Kraft und Gelassenheit.
- Ich *bitte* Gott um Segen und Kraft für alles, was ich mir für die Zukunft vorgenommen habe.
- Vielleicht will ich noch in weiteren persönlichen Anliegen beten.

Impuls für den Tag

Was war das Wichtigste, das ich in dieser Woche und im Verlauf des ganzen Adventsweges entdeckt habe? Das vertiefe ich heute noch einmal.

Einstimmende Übung zur Sammlung (Kurzfassung)

Ankommen
Ich habe jetzt Zeit, Zeit zum Ankommen. Ich setze mich hin, in meiner gewohnten Meditations-Haltung, und komme zur Ruhe.

Den Leib fühlen
Zunächst spüre ich, wie ich sitze. Unter mir nehme ich den Boden wahr, der mich trägt, und ggf. die Sitzfläche des Stuhles.
Ich spüre in meine Leibmitte hinein: in den unteren Bauchraum, unterhalb des Nabels. Von dieser Mitte aus richte ich mich auf. Die Wirbelsäule kommt ins Lot; ich nehme ihre aufrichtende Kraft wahr. Ihr vertraue ich mich an. So sitze ich in einem entspannten Gleichgewicht.
Die Hände ruhen auf den Oberschenkeln oder schalenförmig im Schoß.

Den Körper entspannen
Ich löse alle Spannungen in meinem Körper: Arme und Hände ... Beine und Füße ... Rücken vom Kreuzbein ausgehend aufwärts, die Wirbelsäule entlang, bis zu den Schultern; dabei gelangt meine Sitzhaltung noch besser ins Gleichgewicht ... Hals und Nacken ...
Besonders aufmerksam entspanne ich mein Gesicht: Stirn, Augen, Wangen, Mundpartie... und spüre, wie das Gesicht frei und heiter wird. ... Ich entspanne die Kopfhaut und spüre, wie Druck vom Gehirn weicht. ...
Schließlich entspanne ich Brust und Bauchdecke und spüre, wie der Atem freieren Raum bekommt.

Mit dem Atem mitschwingen
Nun nehme ich meinen Atem wahr, lasse ihn frei gehen, wie er will, und atme alles Belastende aus. Mit dem Zwerchfell atme ich in die Tiefe des Bauchraumes hinein. Ich schwinge mit der Bewegung des Ein- und Ausatmens mit.

Den Geist zur Ruhe kommen lassen
Alle Anspannung lasse ich abfließen. Auch Druck und geistige Anstrengung lasse ich los. Die Gedanken kommen zur Ruhe. Ich lasse sie vorbeiziehen, wie sie in mir aufsteigen, ohne ihnen nachzugehen. ...
Eine innere Stille tritt ein.

Gegenwärtig und offen sein
Der Atem führt mich nach innen und in die Tiefe. Ich komme mir selbst, meiner inneren Mitte nahe. Ich ruhe in mir. So bin ich ganz wach und gegenwärtig. Ich öffne mich für das Geheimnis des Lebens, das in meiner Tiefe anwesend ist – und dafür, dass *Gott* mich berühren und ansprechen kann.

HEILSAME UNTERBRECHUNGEN

Eine Anregung zum täglichen Gebet

Traditionell werden Katholiken drei Mal am Tag zum Gebet „Engel des Herrn" aufgerufen. Noch immer läutet dazu von vielen Kirchtürmen eine Glocke. Sie *unterbricht* hörbar das Getriebe unserer Beschäftigungen und erinnert an Gottes Gegenwart mitten im Alltag. Eine solche schöpferische Pause kann davor bewahren, in der Hektik zu ertrinken, und hilft, das eigene Leben immer wieder dem Licht Gottes auszusetzen.

Die im Folgenden beschriebene Weise, den „Engel des Herrn" meditativ zu beten, eignet sich beispielsweise als Mittagsgebet im Advent – doch ebenso das ganze Jahr hindurch. Wesentlich ist die besinnliche Stille nach den drei Anrufungen. Das „Gegrüßet seist du, Maria" kann jeweils danach gesprochen – oder durch Schweigen ersetzt werden.

Der Engel des Herrn brachte Maria die Botschaft,
und sie empfing vom Heiligen Geist.

- Wurden mir Situationen oder Erfahrungen des Tages zum Anruf?
- Kann ich jetzt manches Ereignis mit neuen Augen sehen?
- Habe ich heute „Botschaften" von Gott empfangen?

Maria sprach: Siehe, ich bin die Magd des Herrn.
Mir geschehe nach deinem Wort.

- Wie habe ich mich auf Gottes „Botschaften" eingelassen?
- Bin ich darin „Diener/in" des Herrn" geworden?
- Will ich mich jetzt noch einmal neu dazu entschließen?

Und das Wort ist Fleisch geworden,
und hat unter uns gewohnt.

- Spüre ich Gottes Gegenwart, sein „Wohnen unter uns", in meinem Alltag?
- Ließ Gott heute Neues in meinem Leben wachsen?
- Ich stelle mein Leben neu in sein Licht. So schöpfe ich Hoffnung und Energie, wo ich mutlos geworden war.

Abschließendes Gebet

Allmächtiger Gott, gieße deine Gnade in unsere Herzen ein. Durch die Botschaft des Engels haben wir die Menschwerdung Christi, deines Sohnes, erkannt. Lass uns durch sein Leiden und Kreuz zur Herrlichkeit der Auferstehung gelangen. Darum bitten wir durch Christus, unseren Herrn. Amen.

Anmerkungen

1: *Ignatius von Loyola;* Die Exerzitien. Vorbemerkungen Nr. 2.

2: *„Mother Mary"* in diesem Song wird gern auf die Gottesmutter Maria gedeutet, scheint aber von den Autoren nicht gemeint gewesen zu sein.

3: Aus einer Predigt zum Advent. Zitiert nach: Lektionar zum Stundenbuch, Heft I/1, S. 55.

4: *Richard Rohr;* Der wilde Mann : Geistliche Reden zur Männerbefreiung. Claudius-Verlag : München, 2000.

5: Die „Pharisäer" stellten viele Schriftgelehrte und Lehrer des Volkes. Sie gaben in den Synagogen auf dem Land den Ton an. Ihnen war vor allem die korrekte Beachtung der religiösen Gebote wichtig. Die „Sadduzäer" gehörten großenteils der Priesterschaft in Jerusalem an. Sie hatten eine Nähe zum Tempel- und Opferkult.

6: Vgl. *Michael Ende;* Die unendliche Geschichte. K. Thienemanns Verlag : Stuttgart 1979, S. 227-228.

7: Normalerweise am 8. Dezember; wegen des 2. Adventssonntags um einen Tag verschoben. – Die „unbefleckte Empfängnis" Marias darf nicht verwechselt werden mit ihrer „jungfräulichen Empfängnis" Jesu!

8: *Richard David Precht;* Wer bin ich und wenn ja, wie viele? Eine philosophische Reise. Goldmann-Verlag : München, 2007.

9: *Ernesto Cardenal* in seinem „Gebet für Marilyn Monroe": „Gegen die Traurigkeit, nicht heilig zu sein, empfahl man die Psychoanalyse".

10: Erzählt nach *David Foster Wallace;* Das hier ist Wasser. Verlag Kiepenheuer & Witsch : Köln 2012. KiWi Paperback Nr. 1272, S. 9. Mit dieser Anekdote begann der amerikanische Schriftsteller seine in den USA legendär gewordene Rede vor dem Abschlussjahrgang des Kenyon-College 2005.

11: Sogenannte „O-Antiphon" zum „Magnifikat" der Vesper. Aus der Tagesliturgie vom 23. Dezember, nach Worten des Propheten Jesaja, v.a. 7,14; 33,22; 43,14-15. Zitiert nach: Stundenbuch Bd. I, Advent und Weihnachtszeit, S. 169.

12: Allgemein hat die Bibelwissenschaft das öffentliche Wirken Jesu und insbesondere sein Heilswirken neu bewusst gemacht. Mit Mitteln der Psychologie sucht die „tiefenpsychologische Schriftauslegung" die therapeutische Kraft biblischer Texte zum Tragen zu bringen. Verwiesen sei hier auf Autoren wie *Eugen Drewermann, Helmut Jaschke* und *Anselm Grün*. Auch geistliche Bewegungen, u.a. die Charismatische Erneuerung, suchen seelische Heilung auf Wegen der Glaubensvertiefung.

Printed by Books on Demand GmbH, Norderstedt / Germany